소란한 마음을 다스리는 법

TRANSITION: NANI GA ATTEMO IKITEIKERU HOHO
by Shokei Matsumoto, Yoshitaka Miura

Copyright © 2019 by Shokei Matsumoto, Yoshitaka Miura
All rights reserved.
Original Japanese edition published by Shunjusha Publishing Company
This Korean edition published by arrangement
with Shunjusha Publishing Company, Tokyo in care of Tuttle-Mori Agency, Inc., Tokyo
through Imprima Korea Agency, Seoul

이 책의 한국어판 출판권은 Tuttle-Mori Agency, Inc., Tokyo와 Imprima Korea Agency를 통해
Shunjusha Publishing Company, Tokyo와의 독점 계약으로 유노북스에 있습니다.
저작권법에 의해 한국 내에서 보호를 받는 저작물이므로 무단 전재와 무단 복제를 금합니다.

불안, 걱정, 두려움으로 내 삶이 흔들릴 때

소란한 마음을 다스리는 법

마츠모토 쇼케이 · 미우라 요시타카 지음

김슬기 옮김

유노
북스

일러두기

1. 본문 중 괄호 안의 한글 설명은 모두 역주입니다.

2. 도서명은 《 》으로, 논문과 잡지는 < >으로 표기하였습니다.

3. 인용문과 발췌문은 원서에 표기된 글을 번역하여, 실제 번역 출간된 도서와 표기가 다를

   수 있습니다.

나는 어디에서 왔고
어떤 사람이며 어디로 가는가

"거의 확실하게 ADHD네요." 저는 2016년 2월, 처음 간 정신과에서 이런 말을 들었습니다. 그즈음 계약 사원으로 일하던 회사에서는 도무지 일할 힘이 나지 않았습니다. '나에게는 아무런 가치가 없다'는 생각과 '나에게도 가치가 있었으면…' 하는 생각이 늘 머릿속에서 서로 싸웠고, 영혼 없는 공허한 눈으로 키보드를 두드리며 일했던 것 같습니다. 언제나 허무함 속에서 살았죠.

수주 관련 업무를 할 때는 꽤 규모가 큰 회사의 컨설팅 안건에 참여했습니다. 언뜻 들으면 이해하기 어려운 일을 했기 때문에, 제 업무를 소개할 땐 클라이언트의 이름을 대곤 했습니다. 그때마다 돌아오는 반응은 대부분 긍정적이었지만, 정신적으로 무리가 왔을 때는 전혀 기쁘지 않았습니다. '진정한 내가 아니야', '내가 원하는 건 이게 아니야' 하는 생각 때문이었죠.

사회적으로 '대단하다'고 평가받는 일을 했음에도 만족하지 못했고, 원하는 게 무엇인지 전혀 보이지 않았습니다. 2017년 3월, 상사와 면담을 했습니다. 슬며시 퇴사를 종용했고, 저 역시 회사를 그만두고 싶다고 전했습니다. 4월을 끝으로 일을 그만두게 되었습니다. 그때의 심정을 어떻게 표현해야 할지 모르겠습니다.

회사 상사 탓을 하는 제 자신에게 혐오감이 들기도 했고, '나는 어쩜 이렇게 가치가 없는 인간일까' 하는 생각도 들었습니다. 다음 직장은 어떻게 구해야 할지 불안하기도 했고, 더 이상 직장 생활을 할 수 없다는 절망감을 느끼기도 했습니다.

저를 더 괴롭게 만든 건 4월에 일어났던 어떤 사건이었습니다. 한 해 전 업무로 인연을 맺은 분에게서 "다음 안건, 미우라 자네가 꼭 맡아 주었으면 하네"라는 연락을 받았습니다. 그때 그 일로는 좋은 성과를 내지 못했고 반성해야 할 것 투성이였기 때문에, 연락을 받았을 때는 복잡한 마음이 들면서도 기뻤습니다.

그즈음에 회사를 그만두기로 마음먹은 상태였기 때문에, "4월 말일부로 회사를 그만두게 되었어요. 그렇지만 흥미로운 제안이라 관심이 있습니다. 가능하다면 회사를 그만두고 나서, 저 미우라 개인으로 협력하고 싶습니다"라고 답장을 보냈습니다.

하지만 그 일은 결국 맡지 못하게 되었습니다. 저 개인에게 의뢰한 게 아니라, 제가 소속한 회사에 의뢰했던 것입니다. 회사에 소속되어 있었다면 할 수 있었을지도 모르지만, 안타깝게도 기회는 지나가 버렸습니다. 그동안 회사에 저도 모르게 익숙해져 왔지만, 어디까지나 제가 아니었던 것입니다. 문자 그대로, 아무것도 없는 제 존재를 통감했던 걸 기억합니다.

희망이라고는 조금도 가질 수 없었던 이 년 전의 일입니다. 무슨 생각을 하든, 다음 순간에는 늘 회색빛의 불안한 목소리로 머릿속이 가득해졌습니다. 모든 걸 잃었다고 생각했습니다. 인생의 강제 리셋 버튼이 조용히 눌렸다고 말이죠.

지금부터 시작하는 이야기는, 세상 사람들이 주목할 만큼 아름답지는 않습니다. 제 자신이 아무것도 아니라는 걸 깨닫고 일으켜 세워 살아가고자 발버둥친, 진정한 인생의 1막입니다.

이 책의 주제인 '전환'은 지난 이 년간의 인생 경험 덕분에 비로소 보이기 시작했습니다.

'나는 어디에서 왔고 어떤 사람이며 어디로 가는가.'

아무것도 아닌 저의 이야기를 들어 주세요.

미우라 요시타카

목차

1부 왜 마음이 시시때때로 흔들리는가
- 소란한 마음을 가라앉히는 지혜

4부 시끄러운 세상에 대처하는 법
- 일찍 알수록 좋은 인생의 비밀

왜 마음이
시시때때로 흔들리는가

- 소란한 마음을 가라앉히는 지혜

나의 괴로움에
주의를 기울여라

일을 그만두자 모든 게 사라졌습니다. 그만두기 전에는 매일같이 그만두고 싶다는 생각뿐이었는데, 일을 그만두고 나니 '어떡하지…' 하는 불안감이 떠날 줄 몰랐습니다.

일을 그만두기로 한 4월 말까지 새로운 일을 찾지 않았습니다. '더 이상 회사 생활을 하며 살아갈 수 없다'는 생각이 강했기 때문입니다. 대학을 졸업할 때도 같은 생각을 했었기 때문에 저는 취업 준비를 하지 않았었습니다. '보통 사람이라면 누구나 하는 것들'에 대한 강한 반발감을 가지고 있었죠.

초등학교 때의 등교 거부 경험까지 거슬러 올라갑니다. 학교에는 규칙이 있습니다. 숙제도 해야만 하죠. 어렸을 때 저에게 학교는 가고 싶지 않은 곳일 뿐이었습니다. 당시에는 가고 싶지 않은 이유를 몰랐고, 그저 제 몸이 그쪽으로 향하질 않았습니다.

저는 제어당해서 정신이 피폐해지는 걸 두려워하며 살아왔습니다. 지금은 조금씩 내려놓고 있지만, 그럼에도 여전히 제 안에는 두려움이 존재합니다.

회사를 그만둔 직후 봉사활동으로 참여했던 기획이 있습니다. '근원을 향한다'는 의미를 가진 '향원(向源)' 축제로, 종파와 종교를 넘어 불교와 일본 문화를 체험할 수 있는 '절과 신사 페스티벌'이었습니다.

그해 향원의 테마는 '변화하고 싶다'였습니다. 일을 그만둔 직후의 저는 변화를 원하고 있었기 때문에 자연스럽게 이끌리게 되었습니다. '일이 잘 풀리지 않는 나'에서 '뭐든지 잘 해내는 나'로 변하고 싶었습니다.

무능한 존재가 아니라 가치 있는 존재로 여겨지고 싶었습니다. 마음이 갈기갈기 찢긴 저는 간절히 변화하기를 원했고, 그 마음만을 버팀목으로 일에 뛰어들었습니다.

향원의 봉사활동 체험은 저에게 다양한 관점을 제시해 주었습니다. 갈 곳이 없어진 제가, 능력이 아니라 사람으로서 인정받을 수 있었기 때문에 큰 기쁨을 느꼈습니다. 향원이 끝나고 '변화하고 싶다'는 마음은 더 강해졌습니다. 제가 곧바로 향한 곳은 야쿠시마(屋久島)였습니다.

도시로부터의 일시적 일탈

4월 말, 친구에게 연락을 받았습니다.

"야쿠시마에 가지 않을래?"

갑작스러운 제안이었습니다. 가고 싶었지만, 4월 말까지는 일을 해야 했고 일정이 잡혀 있었기 때문에 거절했습니다. 하지만 야쿠시마에 대한 생각이 머릿속에서 떠날 줄을 몰랐습니다.

당장 야쿠시마에 가야 할 것 같았습니다. 어찌 할 바를 모르다가, 향원이 끝난 5월의 어느 날 가고시마 행 티켓을 사서 야쿠시마로 날아갔습니다.

머릿속에는 '자연'이라는 단어가 계속 맴돌았습니다. 평소 자연을 만끽할 수 있는 곳을 딱히 좋아하지도 않았는데, 맹렬하게 자연을 원하는 제 자신을 발견했습니다.

매일 통근 지하철에서 제 감성은 조금씩 좀먹어 갔던 것 같습니다. 4월 말까지 치바(千葉)에 가까운 도쿄 고이와 역과 아키하바라역을 오가는 생활을 했는데, 매일 같은 곳에 갔다가 돌아오는 생활을 지속하기 힘들었습니다.

야쿠시마에 도착해 버스로 게스트하우스를 향했습니다. 섬 아이들이 건강한 모습으로 인사를 건네 왔습니다. 야쿠시마 아이들은 관광객들에게도 인사를 하도록 교육받는다고 합니다. 도쿄 생활을 하는 동안 인간 관계가 사라져 버리다시피 했기 때문에, 마음이 조금씩 따뜻해지기 시작했습니다.

버스에서 내려 게스트하우스로 향하는 길에 다리를 건넜습니다. 왼편으로는 광대한 수목군을 내려다볼 수 있었고, 멀리 큰 폭포가 보였습니다. 그 앞에는 광활하게 펼쳐진 바다가 보였습니다. 모든 생태계가 유기적으로 어우러져 있었습니다. 눈시울을 붉히며 하염없이 걸었습니다.

가져온 짐은 많지 않았습니다. 옷 몇 벌과 컴퓨터 정도. 컴퓨터도 필요 없었는지 모릅니다. 단출한 짐을 게스트하우스 침대 위에 내려놓고 한숨 돌리며 휴식을 즐겼습니다. 다음 날은 야쿠스기(屋久杉)에 갈 예정이었습니다. 왕복으로 도보 열 시간이 걸리는 긴 여정입니다.

존재한다는 것의 압도적 힘을 느끼다

아침 다섯 시에 일어나 야쿠스기에 가기 위해 등산로 입구 행 버스에 올랐습니다. 밤이 되면 돌아오는 길이 너무 위험하기 때문에, 많은 사람이 야쿠스기 코스를 걸을 때는 이른 아침에 길을 나섭니다. 아침 일찍 일어나는 데 자신이 없었지만, 가까스로 잠이

덜 깬 눈을 비비며 등산로로 향했습니다.

새소리에 이끌리듯 걸음을 옮기자, 다소 쌀쌀한 공기가 볼을 어루만져 왔습니다. 산기슭을 따라 완만하게 이어지는 등산로는 구불구불했고, 깊은 산속으로 이어졌습니다. 표고가 조금씩 높아지며 식물의 생태도 달라졌습니다.

야쿠시마는 복잡한 생태계가 형성되어 있는 곳입니다. 숨을 죽이고 나무들의 군생에 감탄할 수밖에 없었습니다.

걷고 또 걸었습니다. 머릿속은 여전히 여러 가지 생각으로 복잡했습니다.

'어떻게 돈을 벌어 먹고살지?'

'나에게는 회사에 다닐 능력이 없어.'

'왜 야쿠시마를 걷고 있는 거야? 의미가 있을까?'

시골 논에서 개구리가 대합창을 하는 것만 같았습니다. 왼쪽에서 오른쪽으로 위에서 아래로, 사방에서 들려오는 듯했습니다. 그 소리들에 대한 저의 대답도 들려와 머릿속은 한층 더 복잡해졌습니다.

계속 걷자 몸도 어느 정도 지쳐 왔습니다. 더 빨리 효율적으로 걷고 싶었지만, 눈앞의 한 걸음 한 걸음을 밟아 나갈 수밖에 없었습니다. 어느덧 도쿄의 생활 리듬과는 완전히 다른 흐름 속으로 들어가 걷는 일에 몰입하게 되었습니다.

야쿠시마를 걸었던 경험은 저에게 명상과 같은 것이 되었습니다. 의식 속에서 생각이 떠올랐다가 사라져 갔습니다. 명상이 될 것 같아 야쿠시마에 간 건 결코 아니지만, 저의 생각을 들여다보는 데 큰 도움이 되었습니다. 또 야쿠시마의 장관은 제게 큰 위로가 되었습니다.

맑은 공기, 주위를 빼곡히 둘러싼 나무들과 이끼, 멀리서는 물이 흐르는 소리도 들렸습니다. 이끼는 짙은 녹색인 것도 있는가 하면 밝은 색을 띠는 것도 있었습니다. 표면이 말랑말랑한 이끼도 있고 거칠거칠한 이끼도 있었습니다. 이끼를 한마디로 정의하는 게 미안할 정도로, 선명한 색의 세계가 펼쳐져 있었습니다.

저는 한때 혼자만의 힘으로 살아가고 있다고 생각한 적이 있습니다. 지금은 너무나 어리석은 생각이었다고 반성합니다. 어떤 게 다른 것보다 훌륭하지 않고, 어떤 게 위이고 아래인 것도 아닙니다. 존재한다는 것의 강한 힘은 압도적입니다.

마음의 버릇처럼 사람을 위아래로 훑어볼 때가 있습니다. 하지만 압도적인 자연 앞에 서자, 의식적으로 만들어 낸 규범이나 질서가 중요하지 않게 느껴졌습니다.

불교 용어 '자연(自然, jinen)'을 나중에 알게 되었습니다. '있는 그대로'를 의미합니다. 저는 바깥 환경을 자연(自然, shizen)이라고 부르고 사람의 내적 환경을 자연(jinen)이라고 부릅니다. 자연(shizen)은 바깥 세계뿐만 아니라 내 안에도 펼쳐져 있다고 생각합니다.

있는 그대로 펼쳐지는 내적 자연(jinen) 세계는 있는 그대로의 형태로 자생하고 있는 걸까요? '나는 이러이러한 사람이다', '나는 이러이러해야 한다'라고 말할 때 제 안의 자연환경에는 부자연스러운 힘이 작용하고 있는지도 모릅니다.

있는 그대로의 자연 세계는 있는 그대로, 자라고 싶은 대로 자라는 방향이 있을지도 모르는데 '이쪽으로 자라라!', '너는 자라지 않아도 돼!' 하며 강제하고 있는지도 모릅니다.

야쿠스기에 도착하자, 그 거대한 존재 때문에 말을 잃을 수밖에 없었습니다. 자연은 이루 다 형용할 수 없습니다. 말로 설명할 수 있는 건 극히 일부분에 지나지 않습니다. 자신에 대해서도 그렇다고 생각합니다.

집이 없어도 살아갈 수 있지 않을까

도쿄에 돌아오고 나서 한 일은 '홈리스가 되는 것'이었습니다. 도쿄에서 회사 생활을 할 때, 일주일에 다섯 번 출근은 저에게 너무나 힘든 일이었습니다. 같은 곳에 몇 번씩이나 가는 게 아무래도 맞지 않았던 것 같습니다. 하지만 그건 회사에서 일하기 위해서 반드시 지켜야 하는 규칙이었습니다.

회사를 그만둘 때 많은 감정과 생각이 떠올랐습니다. 그중 하나가 집을 버리고 홈리스가 되는 것이었습니다. 회사를 그만두고, 일주일에 다섯 번 같은 곳에 출근한 데 대한 반동이었습니다. 도무지 움직이고 싶지 않았습니다.

야쿠시마에서 돌아와 곧바로 집을 처분했습니다. 다행히도 페이스북에 집이 없어졌다고 글을 올리자, 자기 집에 묵어도 좋다고 연락해 온 사람이 여러 명 있었습니다. 그래서 '집이 없어도 살아갈 수 있지 않을까' 하며 홈리스 생활을 시작할 수 있었습니다.

집이 없어지고 이 주 정도는 매일 잘 곳을 구해야 했습니다. 일을 그만두었기 때문에 수입은 없었습니다. 구석으로 내몰리면 일을 구할 수 있을 거라고 생각했지만, 인생은 그렇게 호락호락하지 않았습니다. 일을 만드는 능력은, 개발하지 않으면 생기지 않았습니다.

돈이 줄어드는 공포가 매일 이어졌습니다. 매일 비싼 호텔에 묵을 순 없는 노릇이었습니다. 저렴한 게스트하우스에 묵기도 하고, 지인에게 연락해 신세를 지며 이 주를 버텼습니다.

이 주간 느낀 건 결핍된 감각이었습니다. 홈리스(HOME+LESS), 집이 없는 것이죠. 당연한 말이지만 잠을 잘 수 있는 곳이 있다는 건 정말로 대단한 일입니다. 집의 존재가 육체적뿐만 아니라 정신적으로도 안정감을 준다는 사실을, 집을 잃고 나서야 깨달았습니다.

한편 또 다른 깨달음도 얻었습니다. 집은 이미 있었던 게 아닌가

하는 생각 말입니다.

저는 그때까지 집이라는 개념을 제 자신 밖에 두었습니다. 축구에서도 홈 그라운드, 어웨이 그라운드라는 말을 사용하지요. 홈 그라운드일 때 더 좋은 경기를 펼칠 수 있다는 건 직감적으로 알 수 있습니다.

저는 제 바깥에 있는 임대로 빌린 집을 버리고 나서 상실감을 맛보았습니다. 그러나 집은 오히려 제 안쪽에 있었던 것입니다.

집이란, 제 안에 생기는 것이라는 인식의 전환이 일어났습니다. 집을 느끼면, 그곳이 외부라 해도 집으로 바뀌는 게 아닌가 생각했습니다.

집을 느끼자 위협받는 것에 대한 두려움이 사라졌습니다. 모든 장소에서 집을 느낄 수 있으면, 어떤 환경에 놓이더라도 안정감을 느낄 수 있습니다.

제어당하는 게 두려워 제어하려 하다

홈리스 생활을 하면서 2017년 6월부터 11월에 걸쳐 미술 활동에 참여했습니다. 표현 활동을 하고 있던 것도 아니고 참여하고 있지도 않았지만, 취업 활동을 하고 싶지 않다는 마음과 맞물려 예술 계통 방면에서 무언가를 하고 싶다는 생각이 들기 시작했습니다.

대학 졸업 후 일하던 기업에서도 미술 일을 했지만, 일을 그만둔 후로는 감정을 표현하고 싶다는 생각이 들어 인연을 맺었던 미술 활동에 참여했습니다.

그렇게나 하고 싶었던 미술 활동인데, 어떻게 말해야 좋을지 모를 정도로 위화감을 느껴 또다시 괴로움에 빠졌습니다. 스스로를 억누르는 것에서 벗어날 수 없었습니다.

회사를 그만두고 정말로 하고 싶었던 일을 하고 있는데도, 마음은 점점 괴로워졌습니다.

일을 하면서 저도 모르게 나와 버리는 불쾌한 패턴이 그 예술 팀에 참여할 때도 고개를 들기 시작했습니다. 제가 하고 싶은 걸 방해받고 제어당하고 싶지 않다는 마음도 컸기 때문에, 팀으로 움직이는 과정에서 제가 희생당하는 것 같아 견디기 힘들었습니다.

희생은 당연한 일이 되어 갔습니다. 그리고 모순되게도 저는 주체적으로 살아간다고 믿고 있었습니다. 그렇게 생각하면 제 자존심을 지킬 수 있었기 때문이지요.

그러나 실제로는 권위적인 무언가를 따라야만 한다는 마음의 작용이 일어났고, 스스로를 억누르고 죽이고 상대방에게 맞추기를 반복했습니다.

특히 이 시기에는 아이디어를 내는 사람이 훌륭한 사람이라는 엄청난 착각을 하고 있었습니다. 더 좋은 아이디어를 떠올려 다른 사람을 움직일 수 있어야 한다고 진심으로 생각했습니다.

그러한 생각들은 제어당하고 싶지 않다는 두려움에 기반한 것이었습니다. 아이디어를 떠올려 다른 사람을 움직일 수 있다면 그들을 제어할 수 있을 거라고 생각했던 것이죠.

제어하고 싶다는 생각이 앞섰던 건 아니지만, 두려움을 가지고 행동했기 때문에 결국 다른 사람을 제어하고자 했습니다. 제어당하는 게 두려워 제어하려고 한다는 걸 깨닫는 데, 일 년 이상이 걸렸습니다.

'나'란 존재하지 않는 것인가

"스스로가 어떤 사람이라고 생각하나요?"

교토에 있는 니시혼간지(西本願寺)의 드넓은 로비에서 이 책의 공저자인 마츠모토 쇼케이 씨에게 받았던 질문을 기억합니다. 마츠모토 씨에게 강연을 의뢰한 것이 만남의 계기였습니다.

그때 저는 "아메바처럼 확장하거나 줄어들 수 있는 존재일까요…?" 하고 불안해하며 대답했습니다. 나와 다른 사람 사이에는 경계가 존재한다는 생각에 기반한 대답이었습니다.

귀한 시간을 내 주셨는데, 저라는 존재에 대한 질문을 하서서 다소 패닉 상태에 빠졌습니다. 시간이 멈춰 버린 듯한 고요한 공간에서 식은땀이 흘러 내렸습니다.

취업을 준비할 때는 누구나 자기 분석을 하게 되는데, 그때의 자신은 확고하게 존재하는 법입니다. '존재한다'는 전제 하에 자신을 분석하지요. 그러나 마츠모토 씨는 '나'는 존재하지 않는 게 아닌가 하는 시점에서 이야기를 했습니다.

마츠모토 씨와 이야기를 나누면서 '나'의 경계선이 흔들렸습니다. 나는 세계이고 세계는 나, 나는 작은 우주, 나에게는 실체가 없다, 나라는 존재가 무엇인지 알 수 없었습니다.

얼마 후 마츠모토 씨가 연사로 참여한 'Redesign Night! 테마 '개발': 불교 지혜에서 나타나는 21세기 개발관' 이벤트를 무사히 개최했습니다.

이후 인생이 예기치 못한 방향으로 흘러가게 됩니다. 이벤트 개최 후 다시 만난 카페에서 마츠모토 씨와 생각하는 바를 공유했고, 그 자리에서 등장한 게 '트랜지션(이하, '전환')'이라는 관점입니다.

세상의 변화에
발맞춰라

인생을 살다 보면 다양한 변화가 일어나죠. '변화'는 보통 체인지(change)로 번역되는데, 환경이 변하거나 인생에서 생활 사건 같은 게 일어나는 외형적인 변화를 가리킵니다. 예를 들어 회사에서 해고를 당한다거나 아이가 태어나는 일 같은 것이지요.

반면 트랜지션(transition)은 내면적인 변화 즉, '전환'을 가리킵니다. 비슷한 말로 트랜스폼(transform)이 있는데 굳이 트랜지션(transition)을 사용하는 이유는, 트랜스폼(transform)은 '어떤 사람이 다른 무언가가 된다'는 발상이 강하기 때문입니다. 내가 여기 존재하지만 다른 것으로 변용하는, 마치 번데기가 나비가 되는 듯한 이미지가 트랜스폼(transform)입니다.

반면, 전환은 저와 마츠모토 씨가 처음 사용하기 시작한 말은 아닙니다. 전환은 미국의 영향력 있는 컨설턴트 윌리엄 브리지(William Bridges)가 제창한, 인생의 전환기를 극복해 나가기 위한 개념입니다.

《전환: 인생의 전환기를 살리기 위해서(Transitions: Making Sense of Life's Changes)》는 직업 세계를 비롯해 다양한 분야에서 가치를 인정받고 있습니다. 이 책은 여러 나라에 번역 출간되었고, 많은 사람이 큰 변화를 겪었습니다. 지금부터 이야기하고자 하는 전환을, 이 책에서는 '수평적 전환'이라고 부릅니다.

수평적 전환에서는 인생의 전환기를 극복하기 위해 '끝, 중립 지대(neutral zone), 시작'과 같이, 인생의 전환기를 세 단계로 받아들이는 사고방식을 제시합니다. 이 책은 여러 나라에 번역 출간되었고, 많은 사람이 큰 변화를 겪었습니다.

지금도 여전히 전환에 대해 이야기하는 사람이 많습니다. 마음챙김 연구자이자 실천가인 드러커 스쿨의 제레미 헌터(Jeremy Hunter)는 변화와 전환의 차이에 대해 이렇게 적었습니다.

많은 경우 외적인 변화가 일어납니다. 예를 들어 도쿠가와 막부는 외적인 변화에 대응하지 못해 메이지 정부로 바뀌었습니다. 동시에 봉건적인 사고방식에서 근대적인 사고방식으로의 이행이기도 한 셈입니다.

변화는 외면에서 일어나는 데 반해, 전환은 내면에서 일어나는 '우리는 누구인가' 같은 차원에의 변화인 셈입니다. 나는 누구이고 나에게는 어떤 역할이 주어졌으며 무엇을 할 수 있는가. 본질적으로 감정을 다루는 문제들입니다.

예를 들어 제가 진행하고 있는 '전환' 수업에서 저는 학생들에게 이런 것을 묻습니다. "지금까지의 인생에서 다양한 '변화'를 떠올려 보세요" 하고 말이죠. 부모님의 이혼, 새로운 곳으로의 이사, 대학 진학, 첫 자취 생활, 취직, 결혼, 출산 등. 그리고 그 때문에 내면에서 어떤 변화가 일어났는지 묻습니다. 그것이 바로 전환입니다.

비즈진, 〈드러커 스쿨 준교수 제레미 헌터가 말하는 변화의 기법 '전환'이란?〉
(특별 대담: 제레미 헌터×이라아마 아키에(入山章栄)×사소우 쿠니타케(佐宗邦威) 후편)

정답이 없는 시대, 변화가 필요하다

정보 혁명을 몸소 체험하는 우리들은 변화(change)의 시대를 살아가고 있다고 말할 수 있습니다. 아날로그 세계뿐만 아니라 디지털 세계가 점차 확대되고, 그에 따른 디지털 전환이 다양한 영역에서 일어나고 있습니다.

많은 변화가 일어나는 시대를 맞이해, 변화가 전파되는 속도가 압도적으로 빨라지고 있습니다. 구조나 프로젝트만 표면적으로 바뀌는 것이 아닙니다. 그와 관계된 사람들의 내면 세계도 변화를 피할 수 없습니다.

인생에서 '변화'가 일어났을 때 익숙했던 것들을 손에서 놓는 내면적 변화가 일어나지 못하면, 내면과 외면 사이에 괴리가 생겨 버립니다. 사람은 계속성을 가진 생물입니다. 태어났을 때부터 다양한 경험을 하는 과정에서 내면에 습관이 형성됩니다.

'지금까지는 이러이러했다'고 생각하는 상황이 다양한 외적 변화에 의해 달라졌음에도, 마음이 따라가지 못할 때가 있습니다. 추억이나 습관 등 지나간 것에 집착해 내려놓지 못하는 거죠.

그동안 우리의 사회 구조 속에서는 '내려놓는 방법'을 충분히 이야기하지 못했다고 생각합니다. 어쨌든 획득하는 것, 더 나은 방향으로 성장하는 것만을 이야기해 왔습니다. 그 흐름이 바뀌고 있는 것은 아닐까요? 일본의 경제 규모도 축소되고 있고 지금까지와 같은 개인의 존재 방식은 변화를 맞이할 수밖에 없습니다.

하지만 반대로 생각해 보면, 삶의 방식을 더 나은 방향으로 바꿀 수 있는 기회가 될 수도 있지 않을까요?

정답이 없는 시대이기 때문에 실험이 필요하고, 많은 사람이 피부로 느낄 수 있는 변화를 일으키기 위해서는 이십 년에서 사십 년 정도 걸릴 거라고 생각합니다.

실험을 해 나가는 과정에서 참고할 수 있는 것이 불교 사상이라고 생각합니다. 이천오백 년 이상 수용되어 온 역사가 존재하고, 우리의 인생에 구체적으로 생동하고 있다고 확신합니다.

과도기에는 내 생각대로 되지 않는 일이 많이 일어납니다. '이렇게 되었어야 한다'는 기대가 이루어지지 못하거나 내가 아닌 다른 무언가의 영향을 받아, 내가 바라는 이상이 구체화되지 않는 때도 체감적으로 많아지리라 생각합니다.

어떻게 살아갈 것인가를 지탱하는 자아(ego), 마음, 몸을 다루고 또 다스리는 법을 찾기 위해서는 시행착오를 거쳐야 합니다. 특히 자아를 다루는 법은 이 책에서 깊이 있게 다루고자 합니다.

새로운 아이디어나 방법을 모색하는 실험을 통해 새로운 습관을 형성해 나감으로써 사람은 과도기를 극복해 나가는데, 몸에 배어 있던 습관을 내려놓지 못하면 기존의 삶의 방식으로 돌아가 버립니다.

무조건 바꿔야 하는 건 아니지만 주변 환경은 항상 바뀌어 나가기 마련이고, 내면이 바뀌어 생활 방식을 바꿔야 하는 것도 인생의 전환기에 체험하는 법입니다.

우리는 새로운 일이 일어남과 동시에 지금까지의 일들이 끝나가는 세계를 살고 있습니다.

새로운 것을 만드는 기술이나 새로운 발상을 만드는 A면뿐만 아니라, 더 이상 효과가 없어진 방식이나 내 안에서 제대로 기능하지 못하게 된 것들을 잘 내려놓는 B면의 균형을 찾아야 활로가 열릴 것입니다.

불교 사상을 깊게 체감적으로 이해해 나가면 자아를 내려놓을 수 있고, 나아가 더 나은 방식을 습득할 수 있습니다. 무슨 일을 할 때든 자아 때문에 막혀 있던 것들도 해소할 수 있습니다.

자아를 잘 다스리는 법은 기술로서 향상시킬 수 있습니다. 스님이라서 할 수 있는 것이 아니라, 누구나 탐구할 수 있다고 확신합니다.

사실 저는 자아를 다루는 방법 때문에 제법 고생을 해 왔습니다. 제 주변에서 잘 풀리지 않는 일이 저의 자아 때문이라는 것은, 깨닫고 싶지 않은 일이기도 했습니다.

그러나 자아를 다루는 법을 의식적으로 실천하고 난 후로는 확실히 인생을 살아가기가 편해졌습니다. 지금부터 이어갈 저의 인생 변화와 전환 이야기는 자아 다루는 법을 엮은 것입니다. 부디 그런 관점에서 읽어 주시기 바랍니다.

전환의 프레임워크는 뒤에서 다시 다루겠습니다. 마츠모토 씨와 '전환'을 주제로 책을 쓴 과정은, 그야말로 마음의 버릇을 내려놓는 과정의 연속이었습니다.

켄 윌버가 말하는 종교의 기능 중 수직 방향으로의 변화라고 할 수 있습니다. 계속해서 저의 경험담으로 이야기를 이어나가도록 하겠습니다.

스스로를 억눌러 피폐해지는 경험

마츠모토 씨와의 만남 전후에도 예술 팀에서 활동을 이어갔습니다. 괴로움의 근원이 무엇인지 알지 못한 채, 절반은 타성처럼 계속했습니다. 스스로가 소모되고 있다는 느낌을 받았습니다. 스스로를 맹렬하게 억누르는 것만 같았습니다.

특히 팀의 중심인물이 자주 하던 '촌스럽다'라는 말에 저는 위축되어 있었습니다. 그때의 저는 '촌스럽다'고 말하는 멤버의 가치 기준을 저에게 투영시켜, 제 안에서 떠오른 아이디어를 공유하기도 전에 '촌스럽다는 소리를 들을지도 모르니까 가만히 있어야지' 하며 억눌렀습니다. 늘 그런 식이었습니다.

당시 제가 소속되어 있던 커뮤니티는 그곳뿐이었습니다. 그곳 이외에 딱히 마음에 드는 곳도 없었기 때문에, 소속처가 될 만한 곳에 집착했던 것 같습니다. 그래서 늘 그곳의 분위기에 맞추려고 노력했고, 저의 진심과 동떨어진 말들을 했습니다.

한 번은 워크숍의 플래닝을 맡게 되었는데, 제가 제안한 아이디어에 한 멤버가 "촌스러워서 하기 싫어, 이걸 같이 한다는 말을 듣고 싶지 않아"라고 말했습니다. 제 안에 잠재되어 있던 무엇이 '펑' 하고 터져 버렸고, 더 이상 그곳에 있을 수 없습니다.

당시 자아 다루기에 관해 두 가지 응어리를 안고 있었습니다.

하나는 저의 아이디어를 지키고 싶다는 마음이었습니다. 제가 제안한 아이디어가 부정당했을 때는, 제 자신이 부정당하는 것 같았습니다. 아이디어에 대해 부정적인 평가를 받으면, 엄청난 짜증과 답답함을 느꼈습니다.

아이디어와 제 자신을 겹쳐서 동화시켰습니다. '아이디어를 소유할 수 있다'는 생각을 전제하고 있었던 것 같습니다. '소유할 수 있다'는 생각은, 제어하고 싶다는 욕구에 기반한 것이었습니다. 그래서 아이디어가 제 생각대로 통과되지 않으면 엄청난 짜증이 솟구쳤습니다.

두 번째는 믿는 것을 그만둘 수 없는 것 즉, 신념을 내려놓지 못하는 것이었습니다. 이때의 '신념'이라는 말은 행동으로 이어지는, 제가 믿고 있는 기본 원리를 의미합니다.

예를 들어 예술은 자기 표현이라고 저는 믿고 있었습니다. 예술 팀에 속해 있기 때문에 저를 표현하고 싶었고, 제 아이디어를 시각화할 수 없다면 예술 팀에서 활동할 이유가 없다고 생각했습니다.

그러나 주변 사람들이 생각하는 예술의 정의는 달랐습니다. 다른 사람의 눈에 비친 저의 신념은, 제 안에 자리한 강고한 고정관념으로 보였을지도 모릅니다. 제가 믿고 있는 것이 커뮤니티 내에서 이해받지 못하고, 받아들여지지 않아 정신이 피폐해져 갔습니다.

'믿는다'는 행위는, 이른바 종교에 관련된 사람들뿐만 아니라 모든 사람이 보편적으로 하고 있습니다. 아무것도 믿지 않는 사람이라 하더라도, '세상의 모든 것은 믿음의 대상이 되지 못한다'는 것을 믿기 때문입니다.

믿는다는 것은 그 자체로는 문제 없지만, 자신이 믿는 바를 다른 사람에게 강요하려는 커뮤니케이션을 반복하면 주변과의 관계가 악화됩니다.

당시에는 저의 신념과 다른 사람의 신념이 다를 때 상대방의 신념을 묻고 바로잡으려는 버릇이 있었는데, 그 때문에 주변 사람들과의 인간관계를 좀먹어 갔습니다.

예술 팀에는 이별을 고했습니다. 계속해서 스스로를 억압하는 가운데, 자꾸만 자아가 고개를 드는 연쇄로부터 벗어나기로 마음먹고 선택한 결과입니다. 끝이 좋지 않은 이별이었지만, 저의 전환에는 효과적이었다고 생각합니다.

세계를 느끼고 살아간다는 깨달음

2018년 1월, 저는 이스라엘 예루살렘에 있는 '통곡의 벽' 앞에 섰습니다. 당시 여자친구에게서 이스라엘에 함께 가지 않겠냐는 제안을 받아 가게 되었는데, 가기로 결정하자 이스라엘에서 무슨 일인가 일어날 것만 같은 예감이 들기 시작했습니다.

절에서 태어나기도 했지만, 종교란 무엇인가를 다시 한 번 생각해 보고 싶었습니다. 예루살렘은 종교적 역사가 오랜 시간 축적된

곳입니다. 유대인 교도들에게 매우 중요하고도 신성한 곳이기도 합니다.

통곡의 벽 앞에서 많은 사람이 몇 번이고 머리를 조아리며 기도하고 있었습니다. 그때까지 저는 종교를 시시콜콜 캐 내어 보았고, 신앙 세계를 맹신하는 사람을 의심스럽게 여겼습니다. 예술 팀에서 활동할 당시, 다른 사람이 가지고 있는 신념을 대하던 방식과도 맥을 같이합니다.

통곡의 벽 앞에서 유대인들을 보았을 때, '신앙 세계를 사는 사람들이다'라는 것이 절로 느껴졌습니다. 그동안 다른 사람이 믿고 있는 것의 시비를 따지려 했던 태도를 고쳐 나가야겠다고 생각했습니다.

수많은 사람이 통곡의 벽 앞에서 큰 소리로 울며 무너져 몇 번이고 머리를 조아렸습니다. 무슨 말을 하는지는 알 수 없었지만, 기도하는 모습만큼은 거짓으로 보이지 않았습니다. 그들은 오롯이 그 세계를 살아가고 있는 것 같았습니다.

저는 두려움과 황공함, 두 가지 감정을 느꼈습니다.

두려움을 느낀 이유는, 그 모습이 저에게 광기처럼 보였기 때문입니다. '종교나 문화적 규범이 이렇게까지 사람을 움직이게 할 수 있는가' 하는 생각이 들었던 것입니다.

또 다른 하나는 황공함입니다. 인간을 움직이는, 어떤 말로도 형용할 수 없는 존재를 느껴 등줄기가 서늘해지는 듯했고 시간을 초월한 듯한 감각을 경험했습니다.

이스라엘에서 보낸 시간은 사물을 바라보는 저의 관점에 큰 영향을 미쳤습니다. 제가 유대인 교도인 그들과 똑같은 세계를 살아가고 있음을 자각한 것입니다. 예술 팀에서 활동할 당시에는 자각하지 못했던 깨달음입니다.

종교의 영역에 속해 있는 사람이든 종교와 무관하다고 생각하는 사람이든, 무언가를 믿는 행위는 어느 누구나 하고 있다고 생각했습니다. 어떤 신념이 옳고 틀린 것이 아니라 신념 세계 즉, 종교로 말하자면 신앙 세계를 생생하게 느끼며 살아가고 있다고 생각합니다.

우리는 형태가 없는 걸 믿을 수 있습니다. 꿈이나 목표, 아이디어 등과 같이 미래의 불확실한 가능성을 믿을 수도 있고 과학이나 종교 등과 같은 개념, 생각, 이야기 등을 믿을 수도 있습니다.

신념 덕분에 인생을 편하게 살 수도 있지만, 신념을 못 내려놔 인생을 살아가며 겪는 수많은 '변화'에 내적으로 대응하지 못해 살아남지 못할 수도 있다고 생각합니다.

나를 내려놓자
비로소 보이는 것들

2018년 3월, 커다란 전환이 찾아왔습니다.

어느 날 전국 조동종(曹洞宗, 선종(禪宗)의 한 파로 가마쿠라 시대 초기의 승려 도원(道元)이 송나라 여정(如淨)에게서 법을 배워 일본에 전함) 청년회로부터 연락을 받았습니다.

2018년 11월, 조동종 대본산(大本山, 한 종파의 말사(末寺)들을 다스리는 절 또는 총본산(總本山)의 다음 가는 절) 총지사(總持寺)에서 개최되는 '불교 × SDGs 승계, 그리고 미래로' 이벤트의 콘텐츠를 제작해 달라는 제안이었습니다.

기쁜 마음이 들면서도 동요했습니다. 저는 늘 대본산에 영합하지 않겠다는 생각을 가지고 있었기 때문입니다.

저는 절에서 태어나기도 했고, 대본산 권위의 존재 방식에 커다란 의심을 가지고 살아왔습니다. 예술 팀에서 다른 사람들과 관계를 맺는 과정으로 정신이 피폐해지기도 했고, 다른 사람이 나를 따르게 하는 데 대한 위화감이 쌓이고 쌓여 왔습니다.

따라서 권위적인 것을 가까이하려 하지 않았고, 언제나 비판적이었으며 분노해 왔습니다. 또한 '대본산은 바뀌어야 한다'고 늘 생각했습니다.

결국 일은 맡기로 했습니다. 그리고 기획을 진행해 나가는 과정에서 권위 그 자체가 결코 나쁜 것이 아니며, 권위적인 현상을 인식하고 분노 때문에 마음을 빼앗겨 버리는 나만 존재할 뿐이라는 점을 깨달았습니다.

권위적인 것을 바깥 세계로 보는 저에게 '내가 권위적인 것을 따르게 된다'는 사고 패턴이 있었던 것입니다. 바깥 세계의 권위를 계속 비판할 때는, 자신의 내적 패턴에 주목하지 못합니다. 시간이 아무리 흘러도, 자신의 패턴은 바뀌지 않고 심지어 강화되기까지 합니다.

내적 패턴은, 절에서 태어나 성장하며 저도 모르는 사이에 학습되었던 것입니다. '권위'에 다시 한 번 물음을 던졌던 때가 바로 이 시기였습니다.

자아를 내려놓는 관점과의 만남

2018년 3월에서 5월까지는 11월을 대비해 아이디어를 구상하는 데 쫓겼지만, 좀처럼 좋은 아이디어가 떠오르지 않았습니다. '이런 식으로 하면 어떨까' 하는 아이디어는 떠올랐지만, 아이디어를 믿는 것이 두려웠습니다.

아이디어가 떠오른 순간 제동을 걸고 부정하는 일이 몇 번이나 있었습니다. 제가 가진 신념이 해체되던 시기였기에, 제 안에서 나오는 아이디어를 따르지 못하고 괴로운 시간을 보냈습니다.

최종적으로 기획에서 실행한 것은 예술 퍼포먼스였는데, 기획 초기 단계에는 선(禪)에 관한 심포지움을 열고자 했습니다.

전 직장에서의 경험이나 지금까지 가졌던 흥미, 스킬을 고려했을 때 연장선상에서 진행할 수 있을 것 같았기 때문입니다. 그러나 기획을 진행하는 과정에서 '나'를 뛰어넘어 표현해야 한다는 것을 직감했습니다.

당시 저는 '나'라는 존재가 있다는 전제 위에 서서 기획을 만드는 스타일에서 벗어나려고 했습니다.

누구나 '내'가 존재하고 있다고 생각하며 살아가고 있겠지만, 저는 불교 사상에 대한 이해가 깊어짐에 따라 그 전제 자체에서 벗어나고자 했던 것입니다.

그런 와중에 전환기가 찾아왔습니다. '무아의 창조'라는, 사물을 바라보는 관점과의 만남이었습니다.

2018년 5월 5일, 2017년에도 인연을 맺었던 '향원'에서의 토크쇼를 기획했습니다.

게스트는 공저자인 마츠모토 쇼케이 씨와 예술·음악·디자인·공예·불교·자연과학·지역 만들기 등 다양한 분야를 연결하고 공동가치 창조 촉진 연구를 하는 에피파니 웍스(EPIPHANY WORKS)의 대표 하야시구치 사리(林口砂里) 씨, 게이오기주쿠 대학교 종합정책학부 교수이자 다양한 패턴 랭귀지를 제작하고 있는 이바 타카시(井庭 崇) 씨 세 분이었습니다.

그해 초 이바 씨가 발표한 논문 〈패턴 랭귀지에 따른 무아의 창조 메커니즘: 오토포이에시스(autopoiesis)의 시스템 이론을 통한 이해〉에 큰 흥미를 느껴 '무아의 창조'를 테마로 한 이벤트를 열기로 한 것입니다.

이바 씨에 따르면 '무아의 창조'란 '자신의 몸과 감각을 총동원해 사력을 다해 임하지만 "이렇게 하자!"는 작위를 낳는 자아를 제거한 창조'라고 합니다.

저는 늘 나, 나, 나와 같이 나의 존재를 전제로 문제를 복잡하게 만들어 왔기 때문에 '무아의 창조'라는 사고방식은 그야말로 제가 원하던 관점이었습니다.

세 분의 대화를 들으며, 자아를 내려놓는 과정에서 새로운 창조가 가능하다는 것을 알게 되었습니다.

'무아의 창조' 이벤트가 끝난 후에도 조동종 대본산 총지사의 이벤트 아이디어는 떠오르지 않았습니다. 이벤트 본부 관계자에게 슬쩍 재촉당하기도 했지만, 무릎을 탁 치게 할 만한 아이디어의 단편을 머릿속에서 계속 반추하고만 있었습니다.

'빨리 아이디어를 내야 하는데' 하는 초조함에 쫓기면서도 기분전환을 겸해 해외에 갔습니다.

여자친구의 제안으로 스페인에 있는 그리스도교 3대 성지 중 하나인 산티아고 데 콤포스텔라(Santiago de Compostela) 순례, 통칭 '산티아고 순례자의 길'을 걸으러 갔습니다. 팔백 킬로미터에 이르는 '프랑스 길'을 걷기 시작했습니다. 야쿠시마 때처럼 걷는 순례는 저에게 명상이 되었습니다.

처음에는 들뜬 마음으로 견뎌 낼 수 있었지만 점점 몸이 지쳐 갔습니다. 머릿속에서 '내게 이 순례는 어떤 의미가 있는 걸까?' 하는 물음이 계속 둥둥 떠다녔습니다. 눈이 핑핑 돌 정도로 경치가 바뀌는 것도 아닌데, 점차 생각이 없어지고 마음도 편안해져 갔습니다.

'왜 걷는 걸까' 하는 물음만이 공허하게 몇 번씩 떠올랐다가 사라지곤 했습니다. 걷고 또 걷고 걷자 깨달음이 찾아왔습니다. 지금까지의 저는 무슨 일을 하든 의미를 부여하지 않으면 불안해서 어쩔 줄 몰라 했다는 것이었습니다.

대학생 때부터 '장래에 무엇을 하고 싶니?'라는 질문을 수없이 받으며 '나는 무엇이 되고 싶은 걸까' 하며 자성했습니다. 그 과정에서 무엇이 됐든 '목적이 뭐지?', '어떤 의미가 있지?'에 대한 확실한 답이 없으면 불안감을 느꼈던 것입니다.

저라는 존재 안에서 자아가 잘하는 것 중 하나는 '의미 부여'입니다. 저는 일을 할 때 의미를 모르면 하지 않는 스타일이었지만, 의미는 아직 모르지만 떠오르는 아이디어를 키워 나가자 전환이 일어나기 시작했습니다.

참고로 스페인 산티아고 순례는 계획 시점에서 팔백 킬로미터를 걷는 일정을 확보하지 않았기 때문에, 보름에 걸쳐 이백 킬로미터 정도를 걷고 종료했습니다. 언젠가 기회가 된다면 이어서 걸어 보려 합니다.

아이디어가 자라는 방향으로

산티아고 순례길을 걸으며, 운 좋게도 11월 이벤트 아이디어들이 여럿 떠올랐습니다. 일본에 돌아오자마자 아이디어를 기획서에 녹여 냈습니다.

아이디어는 이미지로 떠올랐는데, 여전히 지리멸렬했습니다. 다른 사람에게 보여 줄 만한 것은 아니었기 때문에 5월에 배운 '무아의 창조' 사고방식, 즉 자아를 내려놓으며 창작해 나가는 것을 염두에 두면서 작품의 아이디어가 스스로 굴러가는 방향에 맡기려고 생각했습니다.

이 시점에서는 아이디어가 사회적으로 어떤 의미를 가지는지 알지 못했습니다. 아이디어가 자라는 것에 맞춰 여러 사람을 만나고, 책을 읽고, 기획서를 고쳐 나갔습니다. 아이디어가 자라는 방향을 느끼면서 몸을 맡기는 식이었습니다. 머릿속에서 열심히 생각해 시작하는 것이 아니었습니다.

아이디어 제어 욕구를 내려놓다

커다란 벽에 부딪혔습니다. 아이디어가 흐지부지한 상태에서는 절대로 다른 사람의 조언을 구할 수 없다고 생각했습니다. 공간 디자인이나 그래픽 디자인을 하는 분들에게 상담을 받으려고 했지만, 용기가 나지 않아 늘 심란하기만 했습니다.

저의 아이디어가 다른 사람에게 제어당할까 봐 두려웠습니다. 변변한 아이디어가 없는 상태에서 조언을 구하면 아이디어의 방향성을 제어할 수 없을 거라고 생각했습니다. 그래서 제 마음이 닫혔던 것입니다. 제 자신의 틀을 뛰어넘는 아이디어로 발전해 나갈 가능성이 사라질 수밖에 없습니다.

이렇게는 '무아의 창조'를 할 수 없다고 생각해 큰마음 먹고 공간 디자이너에게 조언을 구했더니, 이대로 진행해도 좋을 것 같다는 답변을 받았습니다. 그러자 한순간에 마음이 편해졌습니다. 많은 분의 도움을 받아 기획 아이디어에 살을 붙여 나갔습니다.

자아의 두려움을 기반으로 하는 것이 아니라, 소유할 수 없는 즉, 고정화할 수 없는 아이디어가 저절로 자라남에 따라, 그리고 형태화함에 따라 저를 가로막았던 것들로부터 벗어났습니다.

드디어 11월이 되어 '언령(言靈, 말에 담겨져 있다는 이상한 영력)의 레스토랑' 예술 퍼포먼스를 진행했습니다. '레스토랑(restaurant)'은, 프랑스어의 '회복시키다'를 어원으로 가지고 있습니다.

현대 사회에서 사람들이 말로 논리를 무장하고 신체적 직감을 중시하지 못하는 모습을 상정해, 점차 해방되는 회복의 장을 불상 앞에서 표현한 작품이었습니다. 총지사의 불전이라는 명예로운 곳을 개방해 주신 데 대해 진심으로 감사하고 있습니다.

뜻밖에도 이 기획을 제작하는 과정에서 저 역시 점차 해방되고 회복되는 체험을 했습니다. 다른 사람을 제어하려는 말로 넘쳐났던 커뮤니케이션에서 벗어나, 자연스럽게 떠오르는 아이디어와 주변 사람들의 생각을 소중히 여기며 기획을 발전시켜 나가는 커뮤니케이션을 하게 되었습니다.

변화가 일어난 건 결코 우연이 아닙니다. 사실 마츠모토 씨와 만난 후부터 불교를 배우기 시작했는데, 책을 읽거나 스님과 대화를 나누는 과정에서 그런 말들, 남을 제어하려는 말을 하지 않게 되었던 것입니다.

'언령의 레스토랑'은 말뿐인 세계로부터 정화되어 가는 공간과 퍼포먼스를 보러 와 줄 사람들을 위해 만든 것이었지만, 가장 정화되었던 건 다름 아닌 제 자신이었는지도 모릅니다.

우울증이 완화되다

큰 이벤트를 제작하며 자아와 잘 지내는 법을 알게 된 한편 또 다른 수확도 있었습니다. 우울증 증상의 완화입니다. 저는 줄곧 경도의 우울증 때문에 고민이 많았습니다.

병이라고 여겨지고 싶지 않다는 마음이 앞서 정신과에도 가지 않았고, 스스로 우울증이라고 인식하지도 않았으며, 다른 사람에게 보이고 싶지도 않다고 생각하며 살아왔습니다.

우울증 증상과 비슷한 증상이 나타나면 몸이 움직이지 않았습니다. 저의 의식은 '기획거리를 생각해야 해', '움직여야 해'라고 생각하지만, 몸이 전혀 움직여 주지 않는 때가 종종 있었습니다. 정말이지 너무나 고통스러운 순간들이었습니다.

2018년 7월경, 태어나서 두 번째로 정신과에 가게 되었습니다. '나는 어쩜 이렇게 못났을까' 생각하면서도 어떻게든 극복해야겠다고 마음먹고 정신과를 찾았습니다. 정신과 클리닉에는 평일 점심 시간대에도 불구하고 많은 사람이 대기하고 있었습니다.

머릿속에서 '앞으로 어떻게 하면 좋을까?' 하는 생각이 둥둥 떠다 녔습니다. 진료 결과는, '기분 변조증'이라는 이름의 병이었습니다. 약물 치료를 권유받았고 정신과에 통원하게 되었습니다.

마츠모토 씨와의 만남을 통해 불교를 알고, 몸에 익혔던 것 중 하나가 '판단과 평가 보류'입니다. '언령의 레스토랑'을 제작하며 자아 내에서 생기는 생각을 내려놓으려고 노력했습니다.

'이것은 좋지 않다', '이것은 좋다', '이렇게 해야 한다', '저렇게 해야 한다', '나는 잘났다', '나는 못났다' 등 스스로에 대한 가치 판단이나 평가, 다른 사람에게 하는 가치 판단이나 평가의 목소리가 반복되는 상태에서 벗어나자 저의 의식은 점차 평온해졌습니다.

우울증이 완화되었던 또 다른 이유는, 어떤 생각이 떠올라도 받아들일 수 있게 되었기 때문입니다. '인간으로 이런 생각을 해도 괜찮을까?'라는 생각이 떠올라도 오케이. 나를 부정하는 말이 떠올라도 오케이. 생각이 나지 않아도 오케이.

머릿속에 떠오르는 모든 생각을 받아들이자 증상이 완화되어 갔습니다. 우울증은 생각을 부정함으로써 악화되어 가는 거라고 생각합니다. 저는 지금까지 그런 사고 연습을 반복해 왔습니다.

우울증이 완화되기 전과 후의 감각 차이는 명확했습니다. 우울증이 완화되자, 의식이 또렷해졌고 스스로를 원망하지 않게 되었으며 자연스럽게 의욕도 일었습니다.

더 이상 약을 먹을 필요가 없겠다는 생각이 들 정도였습니다. 정신과 선생님은 적어도 육개월은 약을 먹으라고 권했지만, 저의 신체 감각을 믿고 약 먹는 것을 그만두었습니다. 그 후 우울증 증상은 거의 사라졌습니다.

소란한 마음을 다스리는 법

아름다운 마음이 모여
성장하는 지혜

신체 감각에 주목하다

마음의 감각이나 신체적 감각이 중요하다고 생각하기 시작한 계기는, 아티스트이자 배우인 고키도 토시미츠(小木戸 利光) 씨가 진행하는 TPCR(Theatre for Peace and Conflict Resolution) 프로그램에 참가한 일이었습니다.

TPCR은 마음의 소리나 소질, 능력에 주목해 살려나가는 방법을 모색하는 프로그램입니다.

고키도 씨는 '마음의 소리'와 '몸이 편안하게 느끼는 방향으로'라는 말을 자주했습니다. 저는 절의 세계를 고민하고 그곳의 규범에 따라 행동해야 했지만, 저의 마음이 그렇지 못할 때 갈등을 느꼈습니다.

갈등할 때는 의식 속에서 다양한 생각이 떠올랐는데, 의식을 정리하는 데 효과적인 것 중 하나가 신체 감각에 주목하는 거라고 고키도 씨의 프로그램을 통해 배웠습니다.

'평소 일상생활에서 신체적인 편안함을 느끼는가?'라는 점에 주목함으로써, 머리로만 알던 때에 비하면 신체 감각을 중시하며 살아가게 되었습니다.

나의 취약함을 드러낼 것

한 가지 더 고키도 씨에게 배운 게 있다면, '취약함'을 소중히 여기는 자세입니다. 주변 사람들과 관계를 맺을 때 제가 느끼는 바를 있는 그대로 솔직하게 표현하기로 했습니다. 센 척하는 것을 그만두기로 한 거죠.

사실 홈리스가 되었을 때 주변 사람들에겐 사회 실험이라고 주장하며 월세 낼 여유도 없다는 걸 인정하지 않았습니다. 우울증을 겪고 있을 때도 주변 사람들에게 도와 달라는 말을 할 수 없었습니다. 여러 상황 속에서 저의 취약함을 드러내지 못했고, 주변 세계와 관계를 맺을 때 늘 저를 감추는 갑옷을 만들었다고 생각합니다.

하지만 내 모습을 조금씩 꺼내 보이기 시작하자, 관계의 존재 방식이 확연히 달라졌습니다. 받아들여지고 있다고 느끼는 일이 많아졌습니다. 또 취약함을 드러내기 시작하자, 주변 사람들이 전에는 말하지 않았던 것들을 이야기해 주었습니다.

제가 먼저 저의 취약함을 드러내자 사람들도 자신의 취약함을 보여 주었고, 관계는 더욱 깊어졌습니다. 취약함이 있기에 성장도 있음을 몸소 통감했습니다.

자유의 집착에서 벗어나다

2018년 후반 갑자기 자유에의 집착이 사라졌습니다. 딱히 내세울 만한 사건다운 사건은 없었지만, 확연한 변화가 일어났습니다.

저는 지난 오 년 이상 '자유로워지고 싶다'고 생각해 왔습니다. 에스엔에스(SNS) 등에는 이른바 '굉장한 사람'들이 있습니다. 그들이 올리는 글을 보면, 반사적으로 가슴이 쥐어뜯기는 듯한 느낌을 받았습니다.

'왜 나는 저렇게 되지 못하는 걸까', '나도 저 사람들처럼 세상 사람들에게 좋은 평가를 받고 싶다'고 머릿속에서 질투의 태풍이 불었습니다. 인정 욕구가 강해진 것이지요.

'자책해서 원인을 찾자.'

'지금의 나는 인정할 수 없고, 미래의 이상적인 나만을 용인할 수 있다.'

이런 사이클 속에서 사는 건 쉽지 않았습니다. "긍정! 긍정! 긍정!" 하고 박차를 가했고, 시간이 흘러도 제 자신을 인정하지 못했습니다.

그런데 어느 순간 이 사이클로부터 벗어나게 되었습니다. 문득 깨달았습니다. 제 자신을 가만히 들여다보니 '나는 너무 나의 자유만을 갈망해 온 게 아닐까' 하는 생각이 들더군요. 그러자 '다른 사람들이 자유로워지는 걸 도우면 나도 저절로 자유로워지지 않을까?' 하는 생각이 들기 시작했습니다.

태국의 개발승(자기 수행에 더해 사람들의 정신 수양이나 마을 개발에 힘을 다하는 승려의 총칭) 프라유키 나라테보(棚田克彦)가 자주 언급한 '자타(自他)의 발고여락(拔苦與樂)'이 키워드가 되었습니다.

'발고여락'은 괴로움을 없애 주고 즐거움을 주는 일입니다. 내가 괴로움을 손에서 놓고 편안해지는 것만으로는 충분하지 않고, 다른 사람이 괴로움을 내려놓고 편안해질 수 있도록 힘쓰는 것입니다.

그렇다고 다른 사람을 챙기는 데 너무 치중해서도 안 됩니다. 자기희생을 하면서까지 다른 사람을 보살피는 데 너무 많은 힘을 쏟아 진이 빠져 버릴 수는 없습니다.

저는 '발고여락'을 흘러가는 나날 속에서 늘 마음에 붙들어야 하는 행동 지침으로 의식하게 되었습니다.

타인을 위해 온 힘을 다할 수 있는 사람은 진심으로 대단하다고 생각했습니다. 대학 시절부터 이타적 정신을 가진 사람들과 대화할 때면, '어떻게 이렇게까지 다른 사람을 위해 힘쓸 수 있는 걸까?' 하는 생각이 들어 제 자신을 책망했습니다.

저는 자기(自己)의 발고여락에 너무 집중한 나머지, 인간관계가 삐걱거리는 때가 많았던 것 같습니다. 하지만 '자타의 발고여락' 시점으로 세상을 바라보기 시작하자, 주변 사람들과의 관계가 눈에 띄게 달라졌습니다.

저의 존재 방식이 바뀌고 다른 사람들에 대한 행동방식이 바뀌자, 자연스럽게 모든 것이 바뀌었습니다. 모임에 초대받거나 상담을 요청받는 일이 늘었고, 에스엔에스 상에서도 다양한 사람들로부터 좋은 반응을 얻게 되었습니다. 또한 주변 사람들로부터 감사를 받는 일도 늘었습니다.

불과 수개 월 전과는 너무나 다른 세계가 펼쳐져 큰 충격을 받았습니다. '더 빨리 이 시점에 도달했다면 좋았을 텐데' 하는 생각이 드는 한편, 과거에 느꼈던 여러 괴로움들이 여전히 살아 있음을 통감했습니다.

지금 내가 안고 있는 갈등도 어떻게 다루느냐에 따라 미래를 만들어 가는 원동력이 될 수도 있다고 생각하게 되었고, 지금 겪고 있는 갈등에 감사하게 되었습니다.

초등학교 때 등교 거부를 했던 경험, 말주변이 없어 오랫동안 열등감을 느껴왔던 기억, 자유로워지고 싶어 괴로워했던 기억, 이 모든 것이 저를 만드는 씨앗으로서 제 편이 되어 주었습니다.

갈등과 잘 지내기

인종이나 배경을 불문하고, 세상을 살아가며 갈등을 겪지 않는 사람은 없다고 생각합니다. 특히 갈등은 과도기에 생기기 쉽다고 생각합니다.

과거부터 만들어져 온 것들을 다시 한 번 들여다보는 것도 중요하고, 계속해 왔다는 이유로 지속하는 것을 그만두는 것도 좋을지 모릅니다. 정말로 중요하다고 생각하는 걸 확실히 내 것으로 만들고 미래로 연결하는 것도 중요합니다.

다시 한 번 물음을 던질 때는, 정신적·감정적 갈등이 수반됩니다. 인생을 살아가며 여러 차례 일어나는 일이기 때문에, 위기를 잘 극복해 나간다면 인생이라는 길을 걸어 나갈 때 에너지의 원천이 되어 줄 것입니다.

저는 두려움에 의한 제어가 횡행하는 세계가 아니라, 어느 누구로도 대체할 수 없는 사람들이 서로를 살리는 세상을 살아가고 싶습니다. 일단 제가 몸소 두려움과 맞서 나가고, 주변 사람들과의 관계 속에서 두려움을 내려놓는 실천을 해 나갈 것입니다.

'후계자'는 갈등 속에서 살아가는 사람의 상징이라고 생각합니다. 자산·재산·사람이 연결되는 곳에서 우연히 태어나 자란 배경을 가지고 있고, 모두가 당연하게 그가 계승하는 것을 전제로 생각하는 분위기 속에서, 자신의 마음 깊은 곳에서 솟아오르는 의지를 표명하며 살아가는 사람들만을 말하는 게 아닙니다.

세상 사람의 주목을 받는 사람들을 이른바 성공한 후계자라고 생각하는데, 그 외에도 많은 후계자가 있습니다. 그들이 진정으로 가능성을 체현하며 살아갈 수 있도록 온 힘을 다하고 싶습니다.

또 다른 상징적인 사람들은 문화의 '계승자'입니다. 화도(華道), 다도(茶道) 등처럼 '도(道)'가 붙는 영역에서 문화를 실천하는 사람들을 비롯해 만담(落語)이나 가부키(歌舞伎) 등 고전 예능을 실천하는 사람 등 지속되어 온 것을 계승해 나가려는 사람들 또한, 과거 관습과의 관계에서 갈등을 겪고 있는 사람들이라고 생각합니다.

메이지 유신의 역사적인 대전환 이후, 서양 문명의 영향을 받아 일본에서도 많은 변화(change)가 일어났습니다. 이에 대응해서 우리의 내면 세계도 변화(transition)하고 있습니다.

그리고 현재, 또 다른 사건들이 잇따라 발생하는 가운데 많은 변화(change)를 체험하게 되었습니다. 자연스레, 내면 세계를 다루는 기술이 매우 중요하게 여겨지게 되었습니다.

일본인은 자연과 조화를 이루며 늘 변화하는 자신의 존재 방식을 중요하게 여겨 왔다고 생각합니다. 자아를 비대화하지 않고 끊임없이 내려놓기 위한 본질이 일본 문화에 녹아 있습니다.

끝없는 '도(道)'를 탐구하는 사람들이 좋은 예입니다. 앞으로 각각의 영역을 짚어지고 나갈 분들을 통해, 문화에 숨어 있는 본질이 다시 한 번 우리들의 생활에 활력을 불어넣는 지혜로 되돌아 오길 바랍니다.

자아 내려놓기의 실천은, 갈등을 다루는 기술을 발전시키고 살리는 부단한 변화(transition)를 가능하게 하는 일일 것입니다.

내가 목표로 하는 세계

인생의 여정을 통해 지금의 저는 제어·의무·관리로 성립하는 세계에서 서로 다른 사람들의 감성이 살아 있는, 진정으로 지속적인 세계로의 이행을 촉진하는 활동을 이어 가고 있습니다.

후계자 분들이 자아를 내려놓는 것을 돕고, 그분들만이 체현할 수 있는 능력을 개화하기 위한 전환 세션을 개최하고, 전국 각지에서 문화를 만들어 나가고 있는 분들을 만나 그분들의 목소리를 가시화하는 기획을 하는 등, 전통·문화·계승을 주제로 제 주변에서부터 지속 가능한 사회를 실현해 나가고자 움직이고 있습니다.

레이와(令和, 2019년 5월 1일부터 시작되는 나루히토 일왕 체제에서의 연호) 시대
가, 어느 누구도 희생되지 않는 건강한 구조·활동·서비스·상품 등
이 연이어 탄생하는 시대가 되기를 바랍니다.

지속 가능한 세계가 형성되기 위한 열쇠는, 한 사람 한 사람이
지속 가능한 삶의 방식을 키워 나가는 일이라고 생각합니다. 그
근원에 있는 것은 사람의 마음입니다. 자아에 휩쓸리지 않고, 아
름다운 마음이 모여 문화가 태어나고 성장할 수 있기를 바랍니다.

만나 온 분들, 만나 온 것들, 모든 인연 덕분입니다. 읽어 주신
여러분들과도 만나게 될 날을 진심으로 기대하고 있습니다.

2부

세상이
항상 소란한 이유

- 세상을 둘러싼 것들의 진실

인내도 노력도
결코 부족하지 않다

'비상하라! 유학 일본'이라는 관민 공동 프로젝트가 있습니다.
저도 유학을 앞두거나 다녀온 학생들을 대상으로 강의하고자, 연
수회에 참석할 때가 있습니다.

"너는 꼭 세계로 뻗어 나가는 리더가 되도록 노력해야 해!" 부모
님, 선생님 등 어른들이 청년들에게 거는 기대감은 너무 크고, 학
생들도 하나같이 부응하고자 부단하게 노력하고 있습니다.

그러나 교실을 가득 메운 백 명 정도의 학생 중에서, 반드시 몇
명은 지친 기색을 보입니다. 대외적인 행동을 피하려는 경향이 강
한 이 시대에 군이 유학을 가려는 학생들이기 때문에, 평균적인 학
생들에 비하면 활기가 넘쳐야 할 것입니다.

저출산 시대이고, 대외 활동에 소극적인 학생들이 많기 때문에 해외 유학을 목표로 하는 귀중한 청년들에게는 너무 큰 기대가 중압감이 되어 버릴지도 모릅니다.

저는 그들에게 매번 말합니다. "꿈이나 목표 자체를 부정하지는 않지만, 꿈이나 목표가 이루어지지 않았다고 해서 실패한 인생은 아니에요. 오히려 지금 내 힘으로 그릴 수 있는 범위의 꿈이나 목표를 넘어선, 아직 상상할 수 없는 미래가 오는 편이 성공이라고 말할 수 있을지 모릅니다. 꿈이나 목표는 가지되, 너무 집착하지 말고 너무 애쓰지 않는 정도로 노력해 보세요."

강연이 끝나면 늘 몇 명의 학생이 찾아와 "마음이 너무 편해졌어요!", "지금 이대로 충분하다고 생각하게 되었어요!"라는 반응을 보여 줍니다.

꿈과 희망이 사라진 사회

요즘 청년들은 결코 노력이 부족하지 않다고 생각합니다. 꿈과 희망을 갖기 쉬웠던 과거의 고도 경제 성장기 사회와 지금의 환경은 완전히 다릅니다.

버블 경제 이후로 줄곧 나빠지기만 했습니다. 인구는 줄고 급여는 오르지 않고 연금은 줄어들고 있습니다. 그럼에도 늘어만 가는 나라 빚과 역삼각형이 된 인구 피라미드를, 아주 적은 수의 사람들이 떠받쳐야 하는 중압감만 늘고 있습니다.

제가 젊었을 때는 염치없게도 윗세대를 원망하는 눈으로 바라보았습니다. 그렇게 아무것도 하지 못한 채 점점 나이가 들어, 이제는 아랫세대에게 염치없는 입장이 되어 버렸습니다.

현재 일본 금융 자산의 육십 퍼센트 이상을 육십 세 이상의 세대가 보유하고 있다고 합니다. 바꿔 말하자면, 청년들에게 돈이 넘어가지 않고 있다는 말이 됩니다.

'인생 백 세 시대'라는 말이 나올 정도로 평균 수명은 늘어나고, 심지어 연금 지급 기간이 늦어지거나 금액이 점점 줄어들어, 노인들이 돈을 손에 쥐고 있으려는 건 어찌 보면 당연한 일입니다.

그에 비해 물건을 소유하지 않고 공유하는 삶의 방식을 현명하고 친환경적이라고 생각하는 청년들의 사고방식은, 살아남기 위한 지혜라고 생각합니다. 하지만 모든 것을 공유할 순 없습니다.

과거 어느 대학 세미나에서 열 명 정도의 학생들과 절에서 이야기를 나눈 적이 있습니다. 한 학생이 "경제적인 이유로 대학원 진학을 포기하게 되었다"며 눈물을 흘리던 모습이 기억에 남아 있습니다.

이제 빈곤은 일본이 끌어안고 있는 커다란 사회 문제입니다. 극심한 경제 격차는 교육 격차를 낳고, 세대를 뛰어넘는 경제 격차의 고정화를 불러일으킵니다.

인내와 노력에 집착하는 나라

청년들은 최선을 다하고 있다고 생각합니다. 인내하고 노력하고 있습니다.

그렇기에 더더욱 잠시 멈춰 서서 생각해 보았으면 합니다. '노력은 정말 필요한 걸까?', '무엇을 위한 인내일까?' 하며 말이죠.

제가 봤을 때 이 나라에서 가장 많은 사람이 믿는 종교는 '인내교'와 '노력교'입니다. 과거에 대한 후회나 미래에 대한 불안으로 너무 두려운 나머지, '난 열심히 인내하고 있으니까 여기에 존재해도 괜찮을 거야', '난 열심히 노력하고 있으니까 괜찮을 거야' 하며 안심하고 싶어 자신도 모르게 인내와 노력에 집착하고 있는 사람이 굉장히 많습니다.

'내가 얼마나 힘들게 일하고 있는 줄 알아?', '이렇게 열심히 하는데 나를 부정하겠다고?' 하며 분노가 치밀어 오른다면, 점차 '인내교'와 '노력교'에 빠져들고 있다는 신호입니다.

인내와 노력이 낳은 죄책감

종교가 없다고 말하면서 '인내교', '노력교'를 믿고 있는 사람은 세대를 불문합니다. 윗세대가 아랫세대에게 '우리도 젊었을 때 참고 견뎠으니까 너희도 똑같이 참아야 한다'는 저주를 걸고 있는 것 같습니다. 해가 갈수록 점점 살기 좋아지던 시대에는, 분명 '힘들어도 지금 노력하면 금방 행복해질 것'이라는 사고방식이 현실적이었을 것입니다.

그래서 모두 행복을 나중으로 미뤄 가면서 인내했습니다. 그러나 지금은 시대와 환경이 완전히 달라졌습니다. 고통은 늘고 있는데 행복이 찾아올 거라는 보장은, 어디에서도 찾아볼 수 없습니다.

일하는 방식을 개혁해야 한다는 주장이 제기되고 있지만, 다양한 통계 결과가 일본 기업은 선진국 가운데 노동 생산성이 가장 낮다고 말하고 있습니다. 혁신이 일어나지 않는다고 합니다. 원인 중 하나가 이 나라에 만연한 '인내교'에 있다고 생각합니다.

'우리도 참고 살아 왔으니까 너희들도 똑같이 참아야 한다'는 억압적인 사고방식이 강한 조직이 적지 않습니다. 유급 휴가 사용률이 낮은 것과도 무관하지 않을 것입니다. 평일에 유급 휴가를 내면 '다들 일하고 있는데…' 하며 죄책감을 느끼는 것이죠.

전제가 완전히 다른데도 자신의 가치관을 상대방에게 그대로 끼워 맞추고 강요하는 것은 흔히 볼 수 있는 일인데, 대표적인 예가 바로 '노력교'일 것입니다. 혼자라면 영향이 미미하겠지만, 여러 사람이 모이면 무적이 됩니다. 마치 '상식'이라도 되는 양 확산되면, '노력하지 않는 것'에 대한 죄책감에 사로잡히게 됩니다.

'다른 사람들에게 가치 있는 일을 하지 않으면 나는 여기에 존재해서는 안 된다'와 같은 조건을 붙이는 존재 기반에는, 자기 부정과 존재 불안이 따라붙습니다.

'노력교'는 제법 강력합니다. 여기에 제대로 빠진 사람이 어떤 계기로 위화감을 느끼고 '다른 삶의 방식이 있지 않을까' 하며 탐구를 시작해도, 탐구 자체를 노력의 목표로 삼는다거나 벗어나지 못하는 자신에게 죄의식을 느끼기도 합니다.

좌선이나 명상을 하는 것은 물론 좋지만, 지나치게 애 쓴 나머지 누군가에게 인정받고 싶어 한다거나 '저 사람보다는 내가 잘하고 있다'며 비교하고 또 그런 자신의 모습에 실망하는 등 집요하게 파고드는 것이 '노력교'의 특징이기도 합니다. 습관이라는 것은 생각보다 고집이 셉니다.

'노력교', '인내교'가 강화되면 청년들의 노력을 자극할 뿐만 아니라 새로운 도전을 저해하게 됩니다. 여러분은 혹시 '노력교'나 '인내교'에 빠져 있진 않나요?

두려움을
의심하고 의심하라

실패하면 '인내와 노력이 부족하기 때문'이라고 꾸짖음 당하고 재도전이 허용되지 않습니다. 청년들은 뒷걸음질치고 새로운 도전을 주저하게 되지요. 저는 이러한 상황을 '두려움에 의한 지배'라고 부릅니다.

마음을 제어하는 두려움, 두려움이 움직이는 마음

두려움을 바탕으로 사람을 움직이는 회사들은 좀처럼 존재 방식을 바꿀 기미가 보이지 않습니다. 블랙 기업이 대표적인 예인

데, 그들은 강한 어조로 위협하는 등 굉장히 알기 쉬운 수법뿐만 아니라 청년들의 성실함이나 솔직함을 이용하는, 눈에 잘 드러나지 않는 방식을 취하기도 합니다.

블랙 기업이 사라지지 않는 이유는, 회사에서 잘리면 인생이 끝날지도 모른다는 두려움에 청년들의 마음이 제어당하고 있기 때문입니다.

예를 들어 회사를 그만두고 싶어 하는 신입 사원에게 "이십 대는 사회인에게 사춘기 같은 때지. 성과도 못 내고 1~2년 만에 회사를 그만두면 어디로든 이직하기 힘들 거야"와 같이 처지를 걱정하며 훈수를 두고 공포심을 불어넣어 오도 가도 못하게 만드는 모습을 흔히 볼 수 있습니다.

'시장 가치가 없으면 내가 설 자리는 없다'고 생각하는 청년들의 두려움을 악용하는 것이죠. 또 당근과 채찍을 적절하게 가려 써서, '이 회사는 나같이 대단한 가치도 없는 놈을 특별히 뽑아 주었다'는 의식을 주입시키는 경우도 있습니다.

상황이 너무 심각하면 우울증에 걸리기 전에 회사를 떠날 수 있다고 생각할지 모르지만, 사람은 자신의 선택을 '실수였다'고 인정하고 싶어 하지 않는 법입니다. 과거의 자신을 부정하고 싶지 않은 것이죠.

그래서 무언가 잘못되었다는 생각이 들어도 벗어나려면 꽤 오랜 시간이 걸립니다. 회사로부터 월급을 받고 있기 때문에 생기는 부채감도 있습니다.

정직원으로 고용된 경우에는, 성실한 사람일수록 회사에 자신의 인생을 모두 걸어야만 한다는 인식이 강해 부조리함을 발견해도 견디는 것 외에 다른 선택지를 보지 못하게 되어 버립니다.

구석구석 침투해 잠재되어 있는 컬트성

두려움을 이용하는 세력 중 가장 대표적인 것이 컬트(사회적 문제가 있는 종교 또는 유사 종교 단체)입니다. 옴진리교의 지하철 가스 테러 사건 (옴진리교 신도들이 도쿄 지하철 전동차 안에 맹독가스인 사린을 살포한 사건. 이 사건으로 오천오백여 명이 눈과 코에서 피를 흘리는 등 심각한 중독 현상으로 쓰러졌고, 열두 명이 목숨을 잃었다)은 일본 최대 컬트 사건 중 하나입니다.

신란(親鸞, 12세기 말에 정토진종(淨土眞宗)을 창시한 고승)은 "그럴 만한 업연 (業緣)이 일어나면 어떠한 행동도 할지어다"라고 말했습니다. 계기가 될 만한 조건만 갖춰지면, 살인이라도 저지르는 것이 인간이라는 뜻이죠.

절실하게 살아갈 길을 찾고 찾다가 옴진리교 신자가 된 청년들의 모습은, 저와도 결코 무관하지 않습니다.

예를 들어, 스스로 납득하지 못함에도 불구하고 흑을 백이라고 하는 조직으로부터의 부조리한 명령에 충실하게 따르는 회사원들 역시 본질적으로는 같은 구조 안에 있는 것이 아닐까요?

설령 자신이 속한 조직이나 커뮤니티에 대해 어떤 위화감을 느꼈다 하더라도, 사회가 고정적이고 인터넷 등도 없는 시대에는 부조리함을 비교할 수단이 없었고 외부로 발신하거나 교류할 수도 없었습니다.

자신이 속한 회사나 지역 사회 혹은 가족과 같은 커뮤니티가 아무리 비뚤어져 있더라도, 폐쇄된 억압 구조에 빠져 동화되거나 유지할 수밖에 없게 되는 것이죠.

자세히 들여다보면 인간 사회 구석구석까지 옴진리교와 닮은 것들이 침투해 있습니다. 모든 사람 안에, 조직 안에 컬트성은 잠재되어 있습니다.

두려움을 두려워하지 마라

두려움을 바탕으로 행동하면, 점차 망설임의 늪에 빠져 버리게 됩니다.

두려움으로 사람을 지배하려고 하는 사람과는 거리를 두는 편이 좋습니다. 무리해서 인내하거나 노력하지 않아도 좋고, 원한다면 인내하거나 노력해도 좋습니다.

어느 쪽을 택하든 두려움은 사라지지 않을 것입니다. 하지만 두려워하는 것 자체를 두려워하지 않아도 좋습니다.

만약 두려움을 느끼는 것 자체를 두려워하면, 두려움을 느끼는 자신을 인정할 수 없게 되어, 두려움은 마음속 깊이 숨어 버립니다. 두려움이 인질로 잡히면, 자신도 모르는 사이에 누군가에게 마음을 지배당하게 될 것입니다. 세상에 두려워해야 하는 것이 있다면, 바로 그것이 아닐까 생각합니다.

종교에서
해답을 얻는 방법

저는 어렸을 적부터 죽음을 굉장히 두려워했습니다. 다른 사람의 죽음은 물론 저의 죽음도 두려웠습니다. 병이나 사고 등 사망원인에 따라 확률은 다르겠지만, 인간의 사망률은 언제나 백 퍼센트입니다.

어차피 죽을 텐데 왜 살아야 하는가. 인간은 어디에서 왔고 어디로 가는가. 근본적인 문제들을 해결하지 못하고 살아갈 순 없다고 생각했습니다.

죽음에 대한 공포를 안고 있는 저에게, 할아버지는 몇 권의 불교 서적을 빌려 주셨습니다. 그중에는 유명한 불교학자 스즈키 다이세츠(鈴木大拙)의 책도 있었습니다.

내용이 너무 어려워 잘 이해할 순 없었지만, 저에게 절실했던 '나는 어디에서 왔고, 누구이며, 어디로 가는가'라는 물음에 대한 무언가가 분명 불교 안에 있을 것 같다는 느낌이 들었기 때문에 조금은 마음이 놓였습니다.

해답을 모르더라도, 해답이 분명 있으리라는 걸 아는 것만으로도 마음은 꽤 편해지는 법이죠.

불교는 세상 사람들이 말하는 '종교를 믿는다'는 감각과도 조금 달랐던 것 같습니다. 도리나 이치를 초월한 신의 이야기를 전적으로 믿고 안심하는 게 아니라 나의 물음에 해답을 줄 수 있는, 납득할 만한 논리와 방법을 석가모니 부처가 설파하고 있다는 느낌을 받았습니다.

나중에 알게 되었지만 저는 종교의 '수직 방향' 기능을 찾고 있었던 것 같습니다.

종교적인 것에는 '수평 방향'과 '수직 방향' 두 가지 기능이 있다고 철학자 켄 윌버(Ken Wilber)는 말합니다.

제 인생 이야기의 완성을 돕는 것이 종교의 수평 방향 기능이고, 제 인생 이야기를 초월한 것을 — 사람들은 '생명'이라고 부를지도 모르지만 — 만날 수 있는 계기를 만들어 주는 것이 종교의 수직 방향 기능이라고 말할 수 있겠습니다.

위로의 방향

인간은 이야기가 필요합니다. 종교의 '수평 방향' 기능은 이야기를 지탱하는 역할을 합니다.

지금 당신의 인생이 아주 충실하고 인간관계나 일, 가정 등 모든 게 잘 풀리고 있다고 합시다. 이처럼 '나는 어떠어떠한 식으로 존재하고 싶다'고 생각하는 모습을 이룬 상태는 이상적이죠. 당신에게 종교 같은 건 필요 없을지도 모릅니다.

그러나 인생이 언제나 그렇게 잘 풀리진 않습니다. 생각대로 되지 않는 상황에 직면하죠. 살다 보면 '나는 이렇게 존재하고 싶다'는 바람이 잘 이루어지지 못하고 이야기가 파탄에 이르는 때가 반드시 찾아옵니다.

예를 들어, 굉장히 중요한 사람을 사고 등으로 잃었다면 어떨까요? '왜 나에게 이런 일이 일어나는 거지?' 하며 비탄할 것입니다. 그럴 때 뻥 뚫린 이야기의 구멍을 메워 위로해 주는 역할이, 종교에 있습니다.

성묘는 알기 쉬운 예 중 하나입니다. 특히 '집안'의 무덤이라는 것은 선조 대대로 이어지는 긴 이야기입니다. 세대를 뛰어넘는 긴 이야기입니다.

나는 그 긴 이야기의 한 편이라고 생각하며 존재를 확인하고, 이야기가 앞으로도 계속될 거라고 생각하며 안심감을 얻을 수 있습

소란한 마음을 다스리는 법

니다. 그러나 최근 들어 그 긴 이야기가 파탄에 이르고 점점 단편화되고 있습니다.

"경제적으로도 물리적으로도 더 이상 선조 대대로 이어지는 무덤을 지켜 나갈 수 없다."
"성묘도 갈 수 없고, 자식들한테까지 빚을 물려주며 폐를 끼치고 싶지 않다."

이와 같은 의식이 생겨 '영대공양(永代供養, 영원히 공양을 드리고 추모한다는 뜻. 죽기 전에 봉안당이나 공동묘지와 계약해 자신의 사후를 자손이 아닌 남이 관리해 주는 것으로서, 최근 일본에서 큰 관심을 모으고 있다)' 등이 유행하면서 혼자 혹은 부부만의 짧은 이야기로 해결하려는 사람이 늘고 있습니다.

그중에는 산골(散骨, 시체를 불에 살라 뼛가루를 뿌림)해서 이야기를 남기지 않으려는 사람도 있습니다. 과연 이야기가 없는 인생을 인간이 견딜 수 있을 것인지 질문을 던지고 있다고 생각합니다.

깨달음의 방향

종교가 가지는 '수직 방향' 기능에서는, 이야기를 살아가는 것 자체에 물음을 던집니다.

석가모니 부처의 가르침에 '제행무상(諸行無常)', 즉 '변하지 않는 것은 아무것도 없다'라는 사고방식이 있습니다. '이렇게 존재하고 싶다'고 아무리 이야기를 그려 봐도 생각대로 되지 않는 것이 인생이고, 내 생각대로 만들고 싶다는 생각은 고통을 낳습니다.

우리는 '이렇게 존재하고 싶다'고 그렸던 이야기가 파탄났을 때, 또 다른 이야기로 그 구멍을 채우려 합니다. 하지만 그런 식으로 한 이야기에서 다른 이야기로 이동하며 갈아타기만 해서는 끝이 없고, 언제까지고 고통에서 벗어날 수 없습니다.

'끝없는 수평 이동은 지겹다', '수직으로 건너뛸 순 없을까?'라는 물음에 대응하는 것이 종교의 수직 방향 기능입니다.

수평과 수직 모두 중요하기 때문에 우열을 가릴 순 없습니다. 이야기를 중시하는 삶을 사는 사람에게는, 종교의 수평 기능만으로도 충분한 경우가 적지 않을 것입니다.

그러나 세계적으로 이야기의 한계가 드러나고 있기 때문에, 이야기로 만족하지 못하는 사람, 환상에서 깨어나고 싶은 사람이 증가하리라고 생각합니다. '마음챙김(mindfulness)'에 대한 사람들의 관심이 높아지는 등, 이미 조짐이 보이고 있습니다.

있는 그대로의 나로
충분하라

불안도 두려움도 없는 마음

'보시(布施)'라는 말의 의미를 아시나요? 일반적으로는 '장례식이나 법사(法事)에서 스님이 경을 읽어 준 데 대한 보답으로, 종이에 싸서 주는 돈' 정도로만 여겨질지 모르지만, 보시라는 말에는 더 넓은 의미가 내포되어 있습니다.

보시의 어원은 범어로 '다나(dana)'이고, 단나(旦那, 자비심으로 조건 없이 절, 승려에게 물건을 베푸는 일) 혹은 도너(donor)의 어원이기도 합니다.

보시에는 크게 세 종류가 있습니다. 불법을 전하는 '법시(法施)', 절이나 가난한 사람에게 재물을 베푸는 '재시(財施)', 그리고 두려움을 없애 주는 일을 가리키는 '무외시(無畏施)'입니다.

제가 최근에 주목하고 있는 것이, 세 번째 '무외시'입니다. 현대 사회를 살아가는 우리에게 꼭 필요한 것이 아닐까 생각합니다.

'무외(無畏)', 즉 아무런 불안 없이 있는 그대로의 나로 안심할 수 있고 두려움 없이 용기를 가지고 살아갈 수 있는 마음을 서로 보시하는 마음가짐이 무엇보다도 중요하다고 생각합니다.

몸과 마음에 경의를 표하고 살아가는 것

근래 들어 '불교 붐'이 일기 시작했습니다. 서점에서는 '마음챙김'을 다룬 책이 팔리고, 좌선 모임이나 명상 모임 등이 성황을 이루고 있습니다.

그러나 모이는 사람들 중에 '불교 신앙의 길에 들고 싶다'거나 '신자가 되고 싶다'고 생각하는 사람은 많지 않을 것입니다.

그저 삶의 힌트를 얻거나 고통을 해소하는 방법, 현대 사회를 살아가며 맞닥뜨리는 과제를 해결하기 위한 지혜를 찾고 있습니다. 그야말로 구석구석까지 컬트로 범벅된 세상의 막다른 곳을 뛰어넘으려는 대체 사상이나 실천을 찾고 있는 것입니다.

최근 세계적으로 불교에 대한 뜨거운 관심은 '주의(ism)'으로서의 불교가 아니라, 모든 '주의'를 초월하는 '불도(佛道, 부처의 가르침)'에 쏟아지고 있습니다. 저는 그 흐름을 포스트 릴리전(post-religion)이라고 부릅니다.

메이지 시대(明治時代)에 서양에서 '릴리전(religion)'이라는 개념이 들어와서 '종교(宗敎)'라는 말로 번역되었습니다. '릴리전(religion)'이라는 단어의 어원에는 '굳게 묶다', '결부시키다'와 같은 의미가 내포되어 있다고 합니다.

그즈음부터 그리스도교나 이슬람교와 어깨를 나란히 하는 종교로서 '부디즘(buddhism)'이 등장했고, 일본에서는 '불교'라고 부르게 되었습니다.

이전에는 '불교'라는 말은 일반적이지 않았고, '불도'라는 말이 사용되었다고 합니다.

불도는 본래 '주의'로서의 종교가 아니라 사람이 자신을 포함한 '주의'로부터 자유로워지는 가르침이고, 합리적으로 사물의 도리를 기술한 사상 체계입니다.

불도에 허구는 없습니다. 세계와 자신에 교묘하게 감춰져 있는 모든 허구를 꿰뚫어 보는 지혜라고 말해도 좋을 것입니다.

사람들은 머리로 생각하고 행동하는 것, 몸과 마음에 경의를 표하고 살아가는 것을 어느 때보다 중요하게 여기기 시작했습니다.

행복한 삶을 위한 '좋은 습관'

불도의 기본은 '계정혜(戒定慧)'의 삼학(三學)입니다.

- 계(戒) : 계율. 생활을 단정히 하고 좋은 습관을 들이는 것.
- 정(定) : 집중력. 마음을 제어하고 평정을 지키는 것.
- 혜(慧) : 지혜. 자신과 세계를 올바르게 바라보는 것, 궁극적인

깨달음.

나무에 빗대자면 '계'는 뿌리, '정'은 줄기, '혜'는 열매일 것입니다. 주목해야 하는 뿌리 '계'는 팔리어(Pali語, 인도·유럽 이족의 인도·이란 어파에 속한 언어)로 '시라(sila)'라고 하며 '습관'이나 '인격' 같은 단어로 번역되기도 합니다.

'계'라고 하면 '반드시 지켜야 하는 규칙'을 떠올리기 쉽지만, 어디까지나 자신을 위해 지키는 것입니다. 좋은 습관을 들이며 인품도 달라진다는 걸 의미할 것입니다.

그럼 무엇이 '좋은' 습관인 걸까요? 불교의 목적을 '자타의 발고여락'이라고 표현한다면, 불교에서 말하는 좋은 습관이란 '자신도 타자도 고통받지 않고 더 행복하게 살아가는 데 도움이 되는 습관'일 것입니다.

신체적인 행동 습관도 있는가 하면 언어 습관·사고 습관도 있습

니다. 그것들은 서로 영향을 미칩니다. 좋은 습관을 들이면 두려움을 없앨 수 있습니다.

자신의 몸과 마음뿐만이 아닙니다. 지구의 환경은 커다란 위기에 놓여 있으며, 이전과는 완전히 다른 수준으로 위험성이 높아지고 있습니다.

그리고 이 위기는 기후 변화나 환경 오염을 일으켜 자연 환경에 큰 영향을 미치고, 나아가 차별이나 폭력 등 인간을 둘러싼 모든 환경에 영향을 미칩니다.

2015년 유엔(UN)에서 채택된 SDGs(Sustainable Development Goals, 지속 가능한 개발 목표)는 빈곤·기아·불평등 등 열일곱 가지 문제를 해결하기 위한 목표로, 전 세계적으로 실현을 향해 활발한 움직임이 일어나고 있습니다.

우리 한 사람 한 사람이 자신과 타자 그리고 지구도 지속 가능한 좋은 습관을 들이는 것은, 좋은 습관이 사회 전체에 퍼져 관습으로 정착하는 것이기도 합니다.

개개인이 좋은 습관을 들이는 일은, 지구의 건강을 지키는 일로 이어질 것입니다.

좋은 습관을 기르고 들이기 위해

저는 도쿄 카미야쵸(神谷町) 고묘지(光明寺)에서 '템플 모닝(Temple Morning)'이라는 아침 청소 모임을 비정기적으로 열고 있습니다. 그 야말로 '좋은 습관 만들기'를 실천하는 커뮤니티입니다.

좋은 습관을 기르고 들이기 위해서는 스스로의 생활을 돌이켜 보는 기회를 갖고, 서로 '무외시'하는 친구를 만드는 것이 매우 중요합니다.

저는 사찰이 '좋은 습관의 도량(道場)'이라고 생각합니다.

석가모니 부처의 말을 하나 소개합니다.

"날 때부터 천한 사람이 되는 것이 아니다. 태어나면서부터 바라문(婆羅門, 고대인도 카스트 제도의 사성 계급 중 가장 높은 지위의 승려. '브라만'이라고 불린다)이 되는 것도 아니다. 행위에 의해 천한 사람도 되고, 행위에 의해 바라문도 되는 것이다."

《수타니파타(Suttanipata)》

두려움 때문에 간단하게 지배당하는 이 세계에서, 나도 모르는 사이 내 안에 스며들어 버린 '인내교'나 '노력교' 같은 사고 습관을 자각해 보세요.

신체적인 행동 습관·언어 습관·사고 습관을 의식적으로 갖춰 나

소란한 마음을 다스리는 법

감으로써, 괴로움을 줄이며 살아갈 수 있는 길을 찾아보세요.

이 책이 당신의 인생 '전환'을 원활하게 했으면 좋겠습니다. 당신에게 '좋은 습관의 도량'이 되기를 바랍니다.

3부

나를 위태롭게
하는 건 무엇인가

- 내 안에서 나를 휘두르는 것들

꿈을 꼭
가져야 하는 것인가

꿈이 없으면 안 될까?

'하고 싶은 일은 있어?' 친구나 선생님, 지인이나 동료로부터 누구나 이런 질문을 받은 적이 있을 것입니다. 비슷한 질문 중에는 '꿈이 뭐야?'도 있습니다.

저는 학생 시절부터 이런 질문을 받으면 늘 난감했습니다. 내가 나중에 무엇을 하고 있을지 전혀 알 수가 없는데, 명확하게 대답해야 한다는 압박을 느꼈습니다.

질문을 받을 때마다 느낀 것은, '확고한 꿈이나 목표가 있어야 훌륭한 사람'이라는 세상의 가치관이었습니다.

신경 쓰지 않고 살았으면 좋았을 텐데, '장래에 하고 싶은 일이 있는 이상적인 나'의 모습과 '꿈이나 목표가 있다고 말할 수 없는 나'의 격차 때문에 끊임없이 고민할 수밖에 없었습니다.

제가 이 질문을 꺼렸던 것은, 대학에 다닐 때부터였습니다. 저는 대학생 때 교환학생으로 유학을 떠나고자 영어를 공부했습니다. 기본적으로 독학이었지만 영어 공부 방법을 공유하기 위해 어떤 커뮤니티에 나가기 시작했는데, 그곳에서 굉장한 위화감을 느꼈던 것을 기억합니다.

'꿈을 가져라'라는 도식

커뮤니티 사람들은 꿈을 가지는 것의 중요성에 대해 늘 이야기했습니다. 저도 꿈을 가진다는 것 자체는 멋진 일이라고 생각합니다. 그러나 그곳에는 왠지 '꿈이 없으면 뒤처진다'라는 잣대가 존재했던 것 같습니다.

그때 저에게는 어떠어떠한 일을 해야겠다는 꿈이 없었습니다. 그 상태로는 커뮤니티에서 사람들과 잘 지낼 수 없을 것 같아서 '세계 최고의 절을 만든다'는 목표를 내걸었지만, 제게 꼭 맞는 목표라는 생각은 들지 않았습니다. 겉만 번지르르하고 공허한 것이었습니다.

커뮤니티에 나가지 않게 된 후에는 꿈을 마음속에서 찢어 버렸지만, 마음속 어딘가에 '나중에 하고 싶은 것이 없다=뒤처져 있다'라는 도식이 자리 잡게 되었습니다. 대학을 졸업하고 직장 생활을 할 때도 여전히 제 안에 존재했습니다.

꿈을 이뤄 하고 싶은 일을 하고 있는 사람들이 에스엔에스 상에 올린 글을 봤을 때 그런 감정을 더 자주 느꼈습니다. 말로 다 표현할 수 없는 감정이 뒤엉키는 듯했고, 매번 엄청난 괴로움에 시달렸습니다.

'꿈을 가지는 편이 좋다'고 말하는 어른들에게 싸늘하게 적의를 드러냈고, 열정을 가지고 활동하는 또래들에게 열등감을 느꼈습니다. 시점은 제 안이 아니라 밖을 향했습니다.

제 안에 '장래에 하고 싶은 게 없다는 건 뒤처지는 것이다'라는 가치 기준이 있었고, 내면을 들여다보게 된 게 불과 이 년 전의 일입니다.

'평가하기'의 고통

하고 싶은 게 무엇이냐는 질문을 받아오면서, 우리는 '그럴듯한 대답'을 만들 수 있게 되었다고 생각합니다. 제가 대학 시절에 '세계 최고의 절을 만든다'는 말을 했듯이 말입니다.

제 마음에 쏙 드는 꿈은 아니었지만, 그런 목표라도 내걸지 않으면 안 된다고 생각해서 만들어 낸 허구였습니다.

하고 싶은 일에 관해 제 또래들은 많은 고민을 안고 있습니다. 하고 싶은 일이 없어서 고민인 친구도 있고, 하고 싶은 일은 있지만 자신이 없다는 친구도 있습니다. 또 머릿속에서 끊임없이 평가하기를 멈추지 못해 고통받는 친구도 있습니다.

머릿속에 쉴 새 없이 다른 사람들의 평가가 들려와서, 미래의 이미지를 부정해 버리는 사람도 있습니다.

예를 들어, 미래에 대한 이미지가 떠올라도 엄마가 "너는 할 수 없을 거야"라고 말하는 모습을 상상하는 식입니다. 마음속의 영사기가 제멋대로 작동해 말을 걸어오는 것이죠.

하지만 스스로 만들어 낸 것일 뿐이고, 실제로 누군가가 나에게 그런 말을 한 것은 아닙니다.

긍정적으로만
살아야 하는가

긍정, 긍정, 긍정!

이십칠 년을 살아오며, 철이 들고 나서는 늘 '긍정적으로 살아야만 한다'고 생각했습니다. 이 사회를 살아가며 "부정적으로 사는 편이 낫다"고 말하는 사람은 거의 없으리라고 생각합니다.

반대로 '긍정 만세'를 외치는 사람은 굉장히 많아 보입니다. 저도 늘 그런 식으로 생각하지만, '정말로 긍정 만세가 정답인 걸까?'라고 의문을 가진 뒤로는 '꼭 그렇지 않아도 괜찮지 않을까' 하고 생각하게 되었습니다. 늘 긍정적이기만 한 것도 너무 숨 막히지 않을까요?

초등학교 때 일 년 정도 등교 거부를 했던 시기가 있었습니다. 일 년을 보낸 후에도, 매년 오십 일 정도는 학교에 나가지 않았습니다. 그러며 늘 긍정적이지 못한 제 자신을 원망했습니다.

특히 의사소통에 대한 콤플렉스와 다른 사람에게 내가 어떻게 비칠지에 대한 생각을 늘 안고 살았습니다. 차츰 '지금의 나를 바꾸고 싶다'는 생각을 하게 되었습니다. 고등학교 때는 자기계발서를 자주 읽었습니다. 스스로를 좋은 방향으로 바꾸려고 부단히 노력했던 것 같습니다.

자기계발서를 읽고 있으면, '긍정적으로 살라'는 말을 자주 마주하게 됩니다. 귀가 아플 정도로 '긍정', '긍정', '긍정'을 말합니다.

아무도 부정적인 게 더 좋다고 말하지 않기에 제 안에 긍정적으로 살아야겠다는 생각이 세뇌될 수 있었습니다. 저를 더 힘들게 만드는 밑바탕이 된 것 같습니다.

대학 시절 캐나다 퀘벡 주에 일 년간 유학했을 때 더 심해졌습니다. 그곳에는 행복해 보이는 사람이 많았습니다. 사람들의 표정이 아주 밝았습니다.

저는 그곳의 분위기를 자연스럽게 흡수하며 긍정이 중요하다는 신념을 더 강화시켜 나가게 되었습니다.

부정은 안 된다는 억압 구조

오랫동안 긍정을 중요하게 생각하면서, 제 안에서는 부정성을 억압하려는 움직임이 시작되었습니다. 부정적이어서는 안 된다는 생각이 강했기 때문에, 부정적인 감정을 늘 부정해 왔습니다.

어떤 일이 일어나면 늘 긍정적으로 받아들이려고 했고, 부정적으로 받아들였을 때는 곧 부정하며 '아니, 그렇지 않아. 긍정적으로 인식되고 있어'라고 해석하려고 애썼습니다.

머리로 부정적인 생각을 멀리하려고 하자, 재미있는 일이 일어났습니다. 감정을 있는 그대로 느낄 수 없게 된 것입니다.

뇌과학 연구에 따르면, 인간에게는 이성적으로 판단하는 쿨한 시스템이 있다고 합니다. 한편 대뇌변연계, 선조체, 편도체 등이 담당하는 본능적이고 반사 속도가 빠른 핫한 시스템도 움직이고 있다고 합니다.

핫한 시스템은 뇌의 오래된 부위가 관여하고 있는데, 쿨한 시스템으로 감정을 억누르려고 했던 것입니다. 본능적인 부분을 계속 부정함으로써, 어느새 저는 불감증을 앓게 되었습니다.

조동종 승려인 후지타 잇쇼(藤田一照) 씨는 《느끼고, 용서하는 불교》(가도카와 학예 출판, 2018)에서 쿨한 시스템을 '생각하는 시스템', 핫한 시스템을 '느끼는 시스템'이라고 말하며 이 두 시스템은 양립할 수 없다고 지적합니다.

자신에게 일어나는 일들을 부정적으로 인지할 때가 있지요. 부정적인 감정을 억누르면, 이상하게도 감정을 느끼지 못하게 됩니다. 아니, 분명 느끼고 있음에도 마치 없었던 일처럼 인지하기 시작합니다. 이런 경험이 쌓이고 쌓이면 몸이나 정신 건강이 악화됩니다.

일할 때 부정적인 감정을 절대 드러내선 안 된다고 생각하는 것도 무리는 아닙니다. '상사와 이야기할 때 부정적으로 행동하면 어떻게 생각될까?', '거래처 사람에게 민폐를 끼칠 수 없다' 등 이런저런 생각이 떠오르지 않나요?

사회 곳곳에서 감정의 억제는 계속해서 일어납니다. 재밌게도 우리 인간은, 감정을 억제할 때 다른 사람도 자신과 똑같이 감정을 억제하길 바라는 경향이 있는 듯합니다.

내가 억제하고 있는 감정을 다른 사람이 표출하면, 왠지 모르게 짜증 나지 않나요? 딱히 감정을 억누르려 하지 말고 부정하지도 않으면, 타인의 행동에 짜증을 느낄 이유가 없습니다.

하지만 자신도 모르는 사이에 상대방도 '감정을 억눌러야 한다'는 연쇄가 일어나고 있다면 주의가 필요합니다.

내 안의 억압 구조는 다른 사람에게도 적용되어, 억압 구조를 주변 환경에도 만들어 가게 됩니다. 사회 전체가 감정의 억압 구조 속에 있는 것은 아닌가, 하는 생각이 듭니다.

감정 분류의 부작용

그 배경에는 과학의 진보 영향도 있지 않을까요? 현재 우리 사회는 과학적인 증명이 매우 큰 의미를 갖습니다. 심리학 분야에서는 감정의 분류가 활발하게 이루어지고 있습니다.

'긍정', '부정'이라는 것도 편의상 만들어진 분류일 뿐입니다. '긍정 심리학'이라는 학문 분야도 있을 정도이니 사람의 관심은 '어떻게 하면 긍정적일 수 있고, 성과를 낼 수 있을 것인가'를 향하는 것 같습니다.

감정을 어떻게 다뤄야 좋을지 몰라 소모되어 버리는 예로, F 씨의 사례를 소개합니다. F 씨는 옛날부터 우울증 경향이 있어서, 긍정적이지 못한 스스로를 자책해 왔습니다. F 씨는 나름대로 감정을 다루는 방법을 모색하고 있었습니다.

그래서 매일 느끼는 감정을 종이에 적어 보고 감정에 이름 붙이는 습관을 가지게 되었습니다. 하지만 서서히 감정을 분류하는 것의 부작용을 체험하고 말았습니다.

이름을 붙일 수 없는 감정 때문에, 괴로울 때마다 분류하는 데 집착하는 자신을 발견한 것입니다.

또 습관의 전제에 '긍정적이어야만 한다'라는 사고가 자리 잡고 있었기 때문에, 그렇게 생각하면 생각할수록 괴로움은 더 커져만 갔습니다.

감정이 떠오르는 대로 받아들이는 것과 분류해 나가는 것은 다릅니다. 감정을 분류하는 과정을 통해 마음이 편안해질 수도 있겠지만, 괴로움에 빠질 가능성도 있습니다.

근대 사회에서 과학은 눈부시게 발전해 왔습니다. 이와 함께 '논리적으로 생각하는 것'의 중요성이 대두되고 있습니다.

오히려 '감정적'이라는 말에 부정적인 인상을 가지는 사람이 많은 듯합니다.

근대 사회 속에서 형성되어 온 '논리적 생각이 감정 다루기보다 중요하다'는 고정관념이 자리 잡고 있는 것은 아닌가 생각합니다.

생각대로 되지 않아
괴로운 심정

생각대로 되지 않아 안절부절못하다

한 친구가 말했습니다.

"부하 직원이 생각대로 움직여 주지 않아 종종 짜증이 나. 함께 성과를 내야 하니까 의욕에 차서 일을 해 줬으면 하는데, 사람마다 일에 대한 동기부여 정도가 달라서 그런지 '저 녀석은 왜 똑바로 일하지 않는 거지?' 하는 생각이 들 때가 아주 많아."

일터에서든 가정에서든 다른 사람이 생각대로 움직여 주지 않아 고민인 사람이 굉장히 많으리라 생각합니다.

저의 세션을 듣는 S 씨는, 다른 사람이 자신의 생각대로 행동하지 않아 안달복달하며 끙끙 앓는 일이 많습니다. 회사 상사는 이른바 논리를 우선하는 사람이고, S 씨는 감각적으로 설명하는 사람이라는 것입니다.

평소 S 씨가 어울리는 사람들 중에는 감각적인 것을 중시하는 사람도 많고, 이야기의 논리가 다소 비약하더라도 재미있게 들어 주는 사람이 많다고 합니다. 하지만 상사에게는 그것이 통용되지 않는다고 합니다.

일할 때는 논리적으로 말해야 한다는 것을 의식하면 말을 잘 전달할 수 있지만, 쉽지 않았다고 합니다.

'왜 감성을 중시해 주지 않는 거야!' 하며 몇 번씩 짜증을 느꼈던 모양입니다. S 씨는 짜증이 났다가 억누르기를 반복했습니다.

갈수록 마음대로 되지 않는다

삼십 대 지인과 이야기할 때 종종 떠오르는 화제는, 결혼해서 아이가 생기고 난 후에 생각대로 되지 않는 일들에 대한 것입니다.

나 혼자라면 돈의 분배, 시간 분배 등 모든 것을 쉽고 빠르게 결정할 수 있겠지만, 다른 사람과 함께 생활하면 내 생각대로 할 수 없을 때가 많아집니다.

　아이가 생기면 더 심해집니다. 공공장소 등에서 아이가 운다거나 집에서 장난감 바구니를 엎어 어지럽히는 등 아이가 생기면 내가 제어할 수 없는 일들이 늘어갈 테니까요.

죄책감을 느끼게 하는
사회 구조

죄책감이라는 족쇄

"다들 남아서 일하고 있는데 어째서 너는 일찍 퇴근하는 거야?"
"당신은 늘 일 때문에 바쁘다는 핑계로 집에 들어오질 않잖아."

최근 들어 이런 말을 듣고 죄책감을 느끼셨나요?

저는 죄책감을 아주 잘 느끼는 사람이었습니다. 다른 사람한테
"해야 한다"는 말만 들어도, 그렇게 할 수 없거나 하지 않는 제 자
신에게 죄의식을 느낄 때가 굉장히 많았습니다. 또 제가 한 말 때
문에 다른 사람의 표정이 안 좋아졌을 때 죄책감이 솟구쳤습니다.

늘 '죄송합니다'라는 말을 입에 달고 살았습니다.

사과하지 않을 수 없었습니다. 어렸을 때는 그런 제 자신을 객관적으로 바라볼 리 만무합니다. 어쩔 수 없이 늘 죄책감에 시달렸고, 고통의 나날을 보냈습니다.

그 후 많은 사람과 이야기를 나누며, 저만 그런 생각을 하고 있는 게 아님을 깨달았습니다.

죄책감 때문에 하는 행동은, 주체적인 것이라기보다는 의무적인 것이 아닐까 생각합니다. 죄를 보상하기 위한 행동이기 때문에, 주변 사람의 기준이 충족될 때까지 벗어날 수 없습니다.

주변 사람들도 죄책감을 안고 있는 사람을 고압적으로 대할 때가 많기 때문에, 억압적인 커뮤니케이션이 발생합니다. 그럼 죄책감은 점점 커집니다.

죄를 추궁당하는 상황에서 아무렇지 않게 죄책감 네트워크를 작동시켜 버립니다. 죄책감을 잘 느끼는 사람, 주변에도 있지 않나요?

사회 곳곳에 팽배한, 죄책감의 구조

예를 들어, 매일 일곱 시에 일어나고 싶지만 아홉 시까지 자는 사람이 있다고 합시다. 그는 매일 아침마다 더 일찍 일어나지 못한 데 대한 죄책감을 느낍니다.

'일찍 일어나는 새가 벌레를 잡는다'는 말이 있듯이 많은 사람은 아침 일찍 일어나는 것을 긍정하죠. 그렇다고 해서 이 사람이 꼭 일곱 시에 일어나야 하는 걸까요?

세상 사람들의 이야기는 어디까지나 참고 대상일 뿐입니다. 스스로 '일곱 시에 일어나는 게 더 바람직하다'는 가치 기준의 척도를 설정하고 있기 때문에, 이상과 현실의 격차로 힘들어하게 됩니다.

더 심각한 경우도 있습니다. 집에서 늘 촉망받고 자란 사람이 있다고 합시다. "사촌이 좋은 대학에 갔으니 너도 좋은 대학에 가야 한다"며 가족들의 압박 속에서 살아가는 사람도 있지요.

이런 말들을 가족들이 무의식중에 반복함으로써 '어떤 상황이 더 바람직한가' 하는 이상이 그의 내면 세계에 새겨지게 됩니다.

우리는 가까운 사람들이 가지는 가치 기준의 척도를 내면화하고 가치 판단의 척도로 활용하곤 하는데, 그 때문에 괴로움을 느낄 수도 있습니다.

이런 상황에 놓이면 부응하려고 노력할 수도 있고, 반항할 수도 있습니다. 오랜 시간에 걸친 대화로 형성된 척도를 간단히 버릴 수 없기 때문에, 가령 척도 때문에 감정이 억압되더라도 지금까지 그래 왔듯 같은 척도를 계속 유지하고자 합니다.

죄책감의 구조는 사회 곳곳에 팽배해 있다고 생각합니다. 우리들 역시 종종 일단을 짊어질 때가 있습니다. 사회 시스템 속에서 강력하게 당연시될수록, 탈피하기는 더 어렵습니다.

사회 시스템을 유지하려는 힘은 매우 거대합니다. 사회 시스템으로부터 탈피하려는 움직임이 일어나면 시스템을 유지하기 어려워지기 때문에, 돌이키려는 관성이 작동합니다.

다른 사람이 규칙을 따르게 하려고 할 때, 죄책감을 느끼게 하고 행동을 억제하는 사람도 있습니다.

아이나 부하가 생각대로 움직이길 바라는 부모나 상사도, 그들이 기대의 틀에서 벗어나려고 하면 죄책감을 느끼게 하는 커뮤니케이션을 할 것입니다.

핵심은 무의식중에 행동하는 사람이 많다는 점입니다. 심지어 올바르다고 생각하는 사람도 많습니다.

딱지가 붙고
딱지를 붙이는 인생

라벨 범벅 세상에서 살기

이 책을 읽고 있는 당신은 스스로를 어떤 라벨을 사용해 설명하나요? 세상에는 관계를 나타내기 위해 사용되는 다양한 의미의 라벨이 존재합니다.

일터에서는 '상사', '부하,' 가정에서는 '아빠', '엄마', '형', '언니', 학교에서는 '선배', '후배' 등 다양합니다.

또 사회적인 역할을 설명하는 라벨도 있습니다. 직업은 그중 하나입니다. '과학자', '예술가', '철학자', '집필가', '편집자', '마케터' 등은 무슨 일을 하고 있는지를 설명하는 라벨들입니다.

라벨은 사회를 살아갈 때 커뮤니케이션을 원활하게 해 주기 때문에 굉장히 편리합니다. 때문에, 라벨이 없으면 불안해서 어쩔 줄 모르게 되는 경우도 있습니다.

저는 절에서 태어났는데 '절에서 태어난 아이'라고 여겨지는 것이 너무 싫었습니다. 열 살 정도부터 자기소개를 할 때 '절 출신'이라고 말하면, 늘 돌아오는 반응은 "계승하는 거야?"라는 한마디였습니다.

옛날부터 '절을 이어받을 것이냐'는 질문은, 저의 운명이 태어날 때부터 정해져 자유롭지 못하다는 느낌이 들게 해 좋아하지 않았습니다.

저는 '절 출신'이라는 사회적 의미가 발생하기 쉬운 라벨을 가지고 있으면, '절은 절에서 태어난 사람이 이어받아야 한다'라는 고정관념을 가진 사람들에게서 '그렇게 해야 한다', '이렇게 해야 한다'는 말을 수없이 듣게 되는 법이라는 걸 알게 되었습니다.

저도, '이어받아야 한다'고 말하는 상대방도 악의 없이 자동적으로 판단해 주고받는 말일 뿐입니다. 다만 절에서 태어난 것이 저에게는 전혀 흥미로운 일이 아니었기 때문에, 그 말을 들을 때마다 난처했습니다.

저는 교토 대학교에 진학했습니다. 절에서 태어나 '후계자'라는 라벨이 붙어 버린 데 비해, '교토 대학교 학생'이라는 라벨은 얻고자 해서 얻은 것이었습니다.

그러나 고민도 있었습니다. 정말로 사사로운 것일지 모르지만, '교토 대학교'라는 라벨을 사용하면 사람들의 행동이 달라지는 것을 경험했습니다.

예를 들어 다른 학교 대학생을 만났을 때 "어느 학교 다니세요?"라는 질문을 받아 "교토 대학교입니다"라고 대답하면, 그중에는 '아' 하는 마음의 소리를 내고서 갑자기 데면데면하는 사람이 있었습니다. 대학의 우열이라는 히에라르키(Hierarchie) 구조가 내면에 박혀 있던 것인지도 모릅니다.

우리는 생각 이상으로, 라벨로 사람을 인식하고 라벨이 보여 주는 허상에 영향을 받고 있는 게 아닐까요.

라벨을 붙이면 안심?

알기 쉬운 라벨을 원하는 사람도 있다고 생각합니다. 우리는 관계에 라벨을 붙이지 않으면 불안감을 느끼는지도 모릅니다. '나는 어떤 사람인가', 또 '상대방은 어떤 사람인가' 하고 라벨을 붙임으로써 안심합니다.

우리는 라벨이 붙여져 이래야 한다고 결정되는 것은 싫어하지만, 동시에 평생 뗄 수 없는 라벨을 간절히 원하는 측면도 있다고 생각합니다.

가령 결혼해서 남편 혹은 아내가 갖고 싶다고 생각하는 사람이 많을 것입니다. 태어나서 줄곧 결혼한 사람을 보아 왔기 때문에, 언젠가 자신도 결혼하는 게 당연하다고 생각해도 전혀 이상하지 않습니다.

그러나 '기혼자', '부부'라는 라벨을 갖고 싶다는 마음이 앞서는 사람도 있을 것입니다. 그 배경에는 '친구들이 하나둘 결혼하기 시작해서 마음이 급하다'거나 '아이가 갖고 싶다' 등의 이유가 자리 잡고 있지요.

주목하고 싶은 것은 두려움 때문에 라벨을 원하는 경우입니다. 두려움을 해소해 나가지 않으면, 라벨을 획득해도 똑같은 고민이 반복됩니다.

내게 붙었으면 하는 라벨 이야기

책을 쓰고자 인터뷰한 여러 사람 중 T 씨는 사장이라고 인식되고 싶다고 생각한 시기가 있었다고 합니다. 그때의 심경은 앞서 적은 심경과 겹치는 부분이 많아 보였습니다.

그는 대학 졸업 직전부터 많은 경영자와 인연을 맺고 그들을 동경하게 되면서, 사장이라는 라벨을 원하게 되었습니다.

그가 보기에 사장이라는 라벨에서는 반짝반짝 빛이 났습니다.

회사를 경영하며 살아가는 사람들 사이에 끼고 싶은 마음이 간절했다고 합니다. 또한 늘 '지금의 내가 아닌 다른 사람이 되고 싶다'고 생각했다고 합니다.

또다시 저의 라벨 이야기를 하게 되어 송구스럽지만, '발달장애'라는 라벨 때문에 고통받았던 때를 떠올렸습니다. 최근에는 그 키워드를 미디어에서 자주 발견할 수 있습니다. 저는 발달장애에서 '주의력 결핍 장애' 경향이 자주 나타납니다.

잘 잃어 버리고 잘 잊습니다. 예를 들어 미팅 약속이 있는 날, 처음에는 잘 기억하고 있지만 머리의 발상이 미팅과는 완전히 다른 쪽으로 향해 버리고 다른 발상이 이어져, 미팅으로 의식이 돌아오지 않는 경우가 수두룩합니다. 단기적으로 정보를 기억하는 메모리도 작고, 메모해 두지 않으면 계속 잊어 버리죠.

회사에 다니기 시작한 후의 일입니다. 그때 저는 발달장애라는 말을 알고 있었습니다. 하지만 저에게는 해당되지 않는다고 강하게 거부했죠. 실제로 발달장애에 관한 글을 읽었을 때 저에게 해당된다는 생각이 드는 항목이 굉장히 많았음에도, 얽매이고 싶지 않다고만 생각했습니다.

얽매이고 싶지 않다는 것에 얽매여 버린 것이죠. 얽매이지 않은 사람은 이야기를 꺼낼 일조차 없을지 모르지만, 저는 저에게 전혀 해당되지 않는 이야기라며 몇 번이고 머릿속에서 반추했습니다.

그렇게까지 틀을 거부했던 이유는, 제가 발달장애를 앓는 사람을 깔보았기 때문입니다. 그들과 같은 취급을 받고 싶지 않았던 것입니다.

직장에서 부주의로 인한 실수가 반복되었고, 제 머릿속은 스스로를 책망하는 목소리로 가득했습니다.

'왜 못하는 거지?', '나한테 능력이 없기 때문이야', '어떻게 노력해야 하지?', '나는 발달장애가 아니야', '바뀌지 않을 거야'와 같은 생각이 너덜너덜해진 마음속에서 끊임없이 반복되었습니다.

결국 일을 그만두기 직전에 처음으로 정신과에 가게 되었습니다. 무슨 일이 있어도 정신과에는 가지 않겠다고 생각했었지만 너무 괴로워서, 심지어 괴로움의 정도를 인정할 수 없어서 '진단받고 싶다'는 생각에 이르렀습니다.

'정신 진단을 받는다'는 라벨을 그렇게나 싫어했었는데 말이죠. 그때는 진단을 받고 도움을 받고 싶었습니다. 저의 특성이 너무 특징적이어서 자꾸 실수를 하고 업무를 제대로 진행할 수 없다고, 보증받고 싶었습니다.

참 바보 같지요. 하지만 제가 걸어온 여정입니다.

정신과에서 발달장애 진단을 받고 나니, 저에게 발달장애라는 라벨이 붙어 있다는 생각이 머릿속에서 떠날 줄을 몰랐습니다. 어떤 실수를 하면 라벨의 존재가 '띵동' 하고 소리를 내며 돌아왔습니다. 그때마다 괴로운 감정을 느껴야 했습니다. 그렇게 원하던 일이었는데 말이죠.

우리 사회에서 발달장애는 여전히 '장애'로 여겨지는 일이 많습니다. 저의 가치 기준이 사회적인 가치 기준에 영향을 받고 있었다고 생각합니다.

저도 불안함 때문에 맹렬하게 라벨을 원하거나, 관계에 이름을 붙이는 데 거부감을 느끼거나, 관계를 정의하지 않으면 불안해서 어쩔 줄을 모르는 등, 라벨에 휘둘리는 인생을 살아왔습니다.

라벨에는 사회적인 규범이 따라붙기 마련입니다. 심지어 '이렇게 보이고 싶다', '이렇게 보이고 싶지 않다' 하는 자아나 '이래야만 한다'라는 생각의 전제가 반영됩니다.

라벨은 어디까지나 우리가 만드는 개념일 뿐이고, 우리 자신을 있는 그대로 반영하는 거울이 될 수는 없습니다.

무분별한 책임 전가
사고방식의 폐해

누군가의 탓을 하고 싶다

어렸을 적부터 저는 어떤 일이 일어났을 때, 누구 때문에 일어난 것인지를 명확하게 하지 않으면 불안에 빠졌습니다.

어떤 일의 원인이 제 자신이라고 단정 짓는 버릇이 있었습니다. 왜 그런 버릇이 생겼는지 알지 못합니다. 철이 들었을 때 이미 그런 사람이 되어 있었습니다. 저에게 그런 인지 경향이 있었다는 걸 대학생이 되고 나서야 깨달았습니다.

제 탓이라고 생각하는 버릇이 인생에서 늘 마이너스로 작용한 건 아닙니다. 플러스로 작용하는 일도 많았습니다.

예를 들어 시험 공부를 할 때나 대학 시절 유학을 가기 위해 공부할 때 덕을 본 것은 사실입니다. 유학을 준비할 때의 일입니다. 토플(TOEFL) 시험에서 굉장히 낮은 점수를 받았습니다. 시험 결과를 확인하고, 그저 노력이 부족했기 때문이었다고 생각했습니다.

공부 시간을 확보하기 위해 동아리 활동과 아르바이트를 그만두고, 공부에 집중할 수밖에 없는 환경을 만들었습니다. 스스로에게 변명할 수 없는 상황을 만든 것이죠. 원인을 제 안에서 찾았기 때문에, 그렇게 행동할 수 있었다고 생각합니다.

그러나 매사에 제 자신을 탓하게 되었고, 때문에 점차 저를 괴롭히게 되었습니다. 특히 커뮤니케이션과 관련해서 문제가 생기면, 필요 이상으로 제 자신을 탓하고 크게 낙심하는 일이 많았습니다.

다른 사람에게 어떤 말을 했는데 표정이 안 좋아지면, 반사적으로 '분명 내가 기분 상할 만한 말을 해서 그런 것'이라고 생각했습니다. 그러고 나서 '내 탓이야' 하며 죄책감에 사로잡히고, 그 이상 어떤 말도 하지 못하게 되는 일을 수없이 경험했습니다.

비즈니스를 비롯한 다양한 상황에서, 다른 사람을 탓하지 말고 스스로를 탓해야 한다고들 말합니다. 어떤 일이든 내 일로 만들고 책임지는 것이 바람직하고, 주변 사람의 탓으로 돌리는 것은 옳지 않다는 신앙입니다.

한편, 어떤 일이 일어났을 때 '다른 사람 탓'이나 '나 이외의 외적 환경의 탓'으로 돌리고 자신의 탓을 인정하지 않는 사람들도 있습니다.

다른 사람을 탓하는 사람과 자신을 탓하는 사람이 쌍을 이루면, 그런 경향은 박차를 가합니다. 한쪽이 상대방을 탓하고 다른 한쪽은 자신을 탓하는 것이죠. 그 관계는 지속 가능하지 않습니다.

남 탓은 해결 방법이 아니다

'탓'이라는 사고방식을 키워 온 것은, 생존 과정에서 필요했던 일인지도 모릅니다. 마음의 방어 반응으로서 학습된 것일지도 모릅니다.

심리학 분야에 '탓으로 돌리는 것'을 연구하는 '원인귀속'이라는 카테고리가 있을 정도입니다. '원인을 어디에서 찾을 것인가' 하는 경향은, 문화에 따라서도 다르다는 연구 결과도 있습니다.

스스로를 탓하는 데에는 어떤 장점이 있을까요? 스스로를 탓하면, 일이 벌어졌을 때 상황을 빠르게 수습할 수 있을지 모릅니다. 또 자신의 개선점을 발견하거나 능력을 향상시키는 계기가 될 수도 있습니다.

다른 사람이 부정적인 감정을 느끼는 것을 너무 두려워한 나머지, 스스로를 탓하는 사람도 있습니다.

한편 자신 이외의 것으로 책임을 돌리면 본인은 상처받지 않을 수 있습니다. 비난당해 기분 좋을 일은 거의 없기 때문에, 화살이 다른 사람이나 다른 요인을 향하면 마음을 놓을 수 있지요.

사람은 자신이 부정당하는 것을 피하고 싶어 하기 때문에, 자신에게 비난이 쏟아지지 않도록 회피하는 법입니다. 공포심은 굉장한 스트레스를 주기 때문이죠.

그러나 자신이 안고 있는 문제를 들여다보지 않고 계속해서 상대방에게 떠넘겨 버리면, 본질적으로 문제는 해결되지 않습니다.

비교하기를
멈추기 힘들 때

반복되는 비교에 시달리다

일을 그만둘 때, 그리고 그 후에 참여했던 예술 팀을 나올 때, 인연을 맺었던 사람들로부터 '저 녀석은 가치 없는 놈이었어'라고 인식되는 것이 너무나 두려웠습니다.

일을 그만두기 반 년 전쯤부터, 회사를 그만두고 싶다는 생각이 머릿속에서 계속 어른거렸습니다. '아직 실력이 부족하니까 더 노력하자'고 몇 번이고 다짐해 봤지만 퇴사에 대한 생각을 이길 재간이 없었고, 회사 방침과 저의 생각은 점점 멀어져만 갔습니다.

회사에 갈 때마다 진정한 저의 모습을 감추고 마음의 스위치를 꺼 버렸습니다. 일이 저를 표현한다는 생각은 사라졌고, 회사라는 공간은 점차 저를 억누르는 장소가 되어 갔습니다.

일을 그만두고 나서도, 머릿속에서 다른 사람과 나를 비교하는 '못난 저의 모습'이 나타났다가 사라지곤 했습니다. 업계에서 척척 경력을 쌓아 나가는 사람들이 부러워 견딜 수 없었고, '나는 왜 저렇게 되지 못하는 걸까' 하며 자책할 때도 많았습니다.

버리기 힘든, 비교 습관

오랫동안 다른 사람과 나를 비교하는 사고 습관을 가지고 있던 저에게, 인터넷은 너무 눈부실 때가 있습니다. 대학 동기들 중에는, 이른바 '굉장한' 곳에 취직한 친구들이 많습니다.

비교당하고 싶지 않은 마음에 취업 활동 자체를 하지 않았는데, 근본적으로는 너무 심하게 비교해 취업 활동을 하지 않는 선택을 함으로써 승부를 포기할 여지를 만든 것이라고 생각합니다.

그러나 에스엔에스나 인터넷은 사정을 봐 주지 않습니다. '굉장한' 친구가 올리는 글은 반짝반짝 빛이 납니다. 긍정적인 글은 좋은 반응을 얻고 수많은 댓글이 달립니다. 그것을 보고 있는 저는 매번 비참한 기분에 사로잡힙니다.

분명 그쪽에 온 신경을 기울이고 있음에도 불구하고 '내 기획이 더 훌륭하다'며 스스로를 위로하며, 그 반짝반짝 빛나는 것들로부터 눈을 돌리려 노력해 왔습니다.

실제로 그들에게 노골적으로 비교당한 적은 별로 없습니다. 그럼에도 저는 그들과 저를 비교하고, 나아가 그들에게 멸시당하고 있는 듯한 이미지를 머릿속에 떠올렸습니다.

제가 스스로 그런 이미지를 만들어 내고 있다는 것을 의식하게 되기까지 참 오랜 시간이 걸렸습니다.

4부

시끄러운 세상에
대처하는 법

– 일찍 알수록 좋은 인생의 비밀

꿈은 즐길 수 있을
정도로만 꾼다

꿈을 이루는 것의 실체

마츠모토 학생들에게 자주 하는 이야기가 있습니다. "내 꿈은
이거예요", "장래에 이것을 실현하고 싶어요"라고 표명할 때, 지금
여기에 존재하는 나에 대한 부정을 포함한다는 점입니다.

꿈이든 목표든 목적이든 어떤 긍정적인 말이라도 마찬가지입니
다. 그 점을 잊지 않았으면 합니다.

'장래에 꿈을 실현하고 싶어요'라고 말하는 건, '그것을 실현하지
못한 내가 여기에 있다'고 선언하는 것과 다를 바 없습니다. 바꿔
말하자면, '나는 불완전한 인간이다'라고 생각하는 것입니다. '지금

여기에는 충족되지 않은 내가 있고, 언젠가 꿈을 이루어야 비로소 충족된다'고 생각하는 것이죠.

물론 꿈이나 목표를 가지는 건 인간으로서 자연스러운 일입니다. 하지만 '꿈이나 목표를 가져야만 한다'고 말하려는 것이 아닙니다.

꿈이나 목표를 이루기 위해 노력하는 건 훌륭한 일이라고 생각합니다. 내팽개처도 꿈이나 목표는 솟아오르지요. 따라서 솔직하게 받아들여, '자, 그럼 열심히 해 볼까'라고 생각하는 것은 좋은 일입니다.

다만 한 가지 잊지 않았으면 하는 것은, 꿈이나 목표가 달성되지 않았다고 해서 실패한 인생은 아니라는 점입니다. 생각해 보면, 지금의 나는 지금의 내가 갖추고 있는 시야에서 바라볼 수 있는 범위 내의 것밖에 꿈꿀 수 없습니다.

지금의 내가 상상할 수 없는 것은 꿈꿀 수도 없죠. 그런 의미에서 오랜 꿈이 달성되었다는 것은, 과거 나의 좁은 시야에서 바라던 게 달성된 것이기 때문에 성공인지 실패인지 알 수 없습니다.

알기 쉬운 예로, 한 아이가 유치원 선생님에게서 "장래에 무엇이 되고 싶나요?"라는 질문을 받아 "경찰관이 되고 싶다"거나 "케이크 전문점을 열고 싶다"고 대답했다고 합시다.

그외에도 수많은 직업이 있음을 알지 못한 상태에서 한 말이 장래에 실현되었다고 해서 "꿈이 이루어져 잘됐다"고 말할 수 있는가 묻는다면, 대답은 모호할 것입니다.

왜냐하면 세상은 넓기 때문입니다. 실패라고 할 수도 없지만 성공이라고 말할 수도 없는 것입니다. 성공도 실패도 아닌 것이죠.

유치원생의 이야기는 다소 극단적이지만, 대학교 일학년 때 그린 꿈도 마찬가지라고 생각합니다.

대학교 일학년 때에 진로를 정하고 꿈을 이루기 위해 노력하는 것은 아주 자연스러운 일입니다. 그러나 그때 그렸던 꿈을 장래에 이루면 성공한 인생이고, 이루지 못하면 실패한 인생인가 하면 그렇다고도 말할 수 없지 않을까요?

정도의 차이는 있겠지만 앞서 예로 든 이야기와 마찬가지로 대학교 일학년생의 시야에는, 한정된 가능성이나 기회밖에 보이지 않습니다.

따라서 과거의 생각을 부정할 필요는 없지만, 필요 이상으로 휘둘릴 필요도 없는 것입니다.

'고통=불만족'이라는 것은, 싫어하거나 멀리하고 싶은 것에서 도망가는 이야기만이 아닙니다. 꿈이든 목표든, 바람직하다고 여기는 것이나 가까이하고 싶은 것을 향해 나아가는 것과도 연관이 있습니다.

장래에 내가 행복해지기 위한 '조건'으로서 꿈이나 목표를 가진다는 것은, 싫어하는 걸 멀리하는 것과 비슷한 정도로 마음에 부담을 낳는 짐이 될 수 있습니다. 꿈은 꿈으로서 구속받지 않고 즐길 수 있는 정도로 가지는 것이 좋지 않을까요?

미우라 흥미로운 지적이네요. 구속당한다고 할 때 머릿속에서 어떤 일이 일어나는지 굉장히 궁금합니다. 유발 노아 하라리(Yuval Noah Harari)의 《사피엔스(Sapiens)》를 읽으며 고개를 끄덕인 구절이 몇 군데 있었는데, 인간은 존재하지 않는 것에 관한 정보를 전달할 수 있고 허구를 이야기하는 능력이 호모 사피엔스의 특질이라는 말이었습니다.

장래의 꿈이나 목표라는 개념도, 우리들이 인류의 발자취 속에서 사회를 잘 형성해 나가기 위한 기술이라고 생각합니다.

다만 마츠모토 씨가 말했듯이, 불교적 시선에서 보면 괴로움을 낳는 사고방식에 불과하겠죠. 그렇다고는 하나, 획득해서 갈고 닦아 온 무기를 어떻게 사용할 것인지 생각해 봄으로써 이야기를 다루는 기술을 사용하면서도 불행하지 않고 두려움 없이 인생을 살아갈 수 있다고 생각합니다.

마츠모토 불교의 사고방식에 '중도(中道)'라는 것이 있습니다. 쓸데없이 괴로운 방향으로 나아가지 않고, 쾌락주의로 나아가는 것도 아니며, 극단으로 치우치지 않는 이원론을 초월하는 사고방식입니다.

석가모니 부처는 스물아홉에 출가해서 육 년간의 혹독한 고행을 거친 후 고행을 버리고 깨달음을 얻었습니다. 극단적인 방향으로 치우쳐 있을 때에는 깨달을 수 없었던 것을, 중도에 몸을 둠으로써 깨달을 수 있었습니다.

우리들은 어쨌든 '꿈이나 목표를 달성하고 싶다'라는 이야기를 긍정해서 부단히 노력하는가 싶지만, '꿈이나 목표에 휘둘려서는 안 된다'고 부정하며 끊임없이 내려놓으려고 한다거나 극단적인 방향으로 흔들리기 쉽습니다.

그러나 모든 것은 인간이 인간인 한, 부처가 되지 않는 한 자연스레 만들어집니다. 꿈이나 목표는 삶의 의욕을 일게 하거나 활동의 동기를 부여하기도 합니다.

누구나 강하게 긍정도 부정도 하지 않고 잘 다뤄 나가고 싶을 것입니다. 특히 친구들과 함께하는 활동은 아무래도 꿈이나 목표를 가짐으로써 시작되는 경우가 많지요.

목적적 사고에서 벗어나기 위해

미우라 우리는 교육이나 사회 구조 속에서 목적적 사고 아래 살아갈 것을 강요받고 있고, 목적이 없거나 의미가 없는 것을 견디지 못하게 된 것 같습니다.

마츠모토 목적적 사고 말씀이시군요. 앞서 이야기했듯이 꿈이 됐든 목표가 됐든 어떤 방식으로 표현해도 좋습니다만, 이루고 싶다고 선언하는 것은 불만족 선언 같은 측면도 있습니다.

"이게 없으면 나는 행복하지 않다"는 생각은, 때때로 내가 나에게 주문을 거는 듯한 효과를 발휘하는 경우가 있습니다. 많은 사람이 이 주문 때문에 고통받고 있는 것처럼 보입니다.

어렸을 적에는 장래의 일 따위 생각하지 않고 천진난만하게 놀지만, 교육을 받아 나가며 성인이 되는 과정에서 목표를 가져야 한다는 생각을 주입당합니다.

무언가가 되기를 끊임없이 요구받는 것이죠. 그 결과 그저 지금 여기에 무언가가 되지 않고 나로서 존재해도 된다고 생각할 수 없게 되어 버리는 것이 아닐까요?

미우라 동세대 청년들의 대부분은 목적적 사고를 하며 살아가거나 그래야만 한다는 생각을 가지고 살아가는 듯합니다. 직업을 가지고 일을 시작하면 특히 더 강해집니다.

목적적 사고에서 벗어나면 사회에서 살아갈 수 없다고 생각하는 사람이 많은 것은 아닐까요? 저도 목적적 사고를 그만두는 것이 무서워 견딜 수 없었습니다.

'마츠모토 씨는 도대체 무슨 말을 하고 있는 거지…' 하고 생각하면서도 내려놓지 못하고 고통받았습니다. 그런데 어느 날 벗어날 수 있게 된 것입니다.

사실 그 결과는 좋지도 나쁘지도 않았는데, 최근에는 이상한 방향으로 흘러가 버렸습니다. 미래의 비전을 가지면 안 된다는 식으로, 반대로 구속당하게 된 것입니다.

결과적으로 '목적을 가지지 않는다'는 목적을 가지게 되었습니다. '나는 목적을 버릴 거야!' 하고 의욕을 불어 넣어서 목적적으로 살았던 것이죠.

지금은 미래의 비전을 가져도 좋고 가지지 않아도 좋고 아무래도 좋다고 생각하게 되었지만, 그렇게 되고 나서야 비로소 엄청난 해방감을 느끼게 된 듯합니다.

지나치게 목적적으로 생각해서 괴로움을 겪는 분들에게는, 마음이 편해지는 일을 하거나 아무런 의미 없이 즐겁다고 생각할 수 있는 시간의 비중을 늘려 보기를 권하고 있습니다.

마츠모토 목적적 사고를 버리려고 의욕을 불어 넣다 보면, 오히려 생각을 버리는 것을 목적으로 삼아 버리기 때문에 쉽지 않습니다. 목적적으로 사고하는 버릇이 생겼기 때문입니다.

힘을 넣을 줄만 알아서, 힘을 빼는 데 또 힘을 넣어 버립니다. 강박 관념입니다. 그 정도로 찌들어 버린 것이죠.

다시 한 번 말하지만, 저는 노력을 부정하고 있는 것이 아닙니다. 자연스럽게 목적이 생기고 이루기 위해 긍정적으로 노력하는 것은 멋진 일이라고 생각합니다.

다만 목적이 달성되지 않았다고 해서 후회할 필요는 없습니다. 가정에 불과하기 때문입니다. 목적은 당시의 자신이 우연히 생각한 것에 불과하고 '연(緣, 원인을 도와 결과를 나타나게 하는 작용)'에 의해 바뀌어 나갑니다.

목적을 유연하게 받아들이는 한, 목적은 당신의 몸과 마음에 건강한 효과를 가져다줄 것입니다. 그러나 목적에 집착하게 되면, 그것은 위험 신호입니다.

'축 사고'라는 덫

마츠모토 목적적 사고에 관련해서 한 가지 더, 자주 등장하는 사고방식이 있습니다. 바로 '축 사고'입니다.

많은 사람이 마치 당연하다는 듯이 "당신의 축은 무엇입니까?"라는 질문을 주고받습니다. 특히 취업 면접을 보는 자리 등에서 많이 주고받는데, 좀처럼 자신의 축이 발견되지 않아 고민인 사람도 적지 않아 보입니다.

축 사고는 어떻게 만들어지는 걸까요? 아마 '확고한 자신의 축을 가져야 한다'라고 굳게 믿고 있는 사람은, '확고한 내가 없으면 타인이나 환경에 손쉽게 휘둘려 버린다'고 믿고 있으리라고 생각합니다.

실제로 취업 활동 등 커리어에 관한 이야기를 할 때, '축을 가지고 있다'는 것이 긍정적으로 평가되어 메리트를 얻음으로써 축 사고가 강화되는 경우도 있을 것입니다.

자신의 축에 대해 이야기함으로써 '나는 이러이러한 사람이다'라고 간단한 말로 표현할 수 있기 때문에, 커뮤니케이션이 편해지거나 상대방의 흥미나 호감을 얻기 쉬워지는 측면도 분명히 있습니다.

그런 의미에서 축 사고가 타자와의 커뮤니케이션 방법으로서 유익한 것은 좋은 일입니다.

그러나 '축을 가지는 것'에 너무 집착한 나머지, 개성 있는 나만의 축이 없다며 고민하거나 억지로 축을 만들어 자신을 연기하는 것은 본말전도(本末顚倒)입니다.

연기를 한다는 건 바꿔 말하면 자신의 축이 개성 있게 보이도록 연구하거나 나다움을 연출한다는 것이고, 수많은 타자 속에 이몰되거나 휘둘리면 마음 어딘가에서 불안감을 느낀다는 말입니다. 그런 식으로 살아가는 건 너무나 힘든 일일 것입니다.

미우라 이 이야기를 삼 년 전에 들었다면, 제가 가지고 있던 고정관념이 뒤집혀 깜짝 놀랐을지도 모르겠습니다. '오리지널이어야만 한다'라는 주박 속에서 살아가는 사람도 많을지 모르고, 축 사고를 통해 마음이 편해지는 사람도 많으리라고 생각합니다.

마츠모토 '나'는 어느 누구로도 대체할 수 없기 때문이지요. 내가 나인 것은 명백하고, 어느 누구도 나를 대신해서 내가 될 순 없는 법입니다. "지금부터 우리 서로 바꾸지 않을래요?"라고 해도 이루어질 수 없습니다.

따라서 축 같은 것이 있든 없든, 외모나 직업이 아무리 평범하고 흔하든, 상관 없이 '나'라는 존재는 완전하게 오리지널입니다.

누구도 대체할 수 없는 '나'

마츠모토 내가 나인 것은 결정적으로 굉장히 특별한 일입니다. '독생독사 독거독래(獨生獨死獨去獨來)'라는 말이 있습니다. 사람은 혼자 태어나서 혼자 죽는다는 말이죠.

내 인생은 어느 누구로도 대체할 수 없습니다. 나라는 사람은 다른 어떤 사람으로도 대체할 수 없고, 나의 의식은 '여기'에만 있고 오로지 '이것'뿐입니다.

물리적인 일이라면 "내 대신 짐을 좀 챙겨 줄래?"라고 말할 수 있을지 모르지만, "내 대신 좌선 좀 해 줄래?"라는 말은 전혀 의미가 없습니다. 당연한 이야기지만, 그것이 '성립하지 않는다'는 깨달음은 중요하다고 생각합니다.

후지타 잇쇼, 나가이 히토시(永井均), 야마시타 료도(山下良道)가 공저한《불교 3.0을 철학하다》(청춘사, 2016)라는 책에서도, '왜 나는 나인가'라는 물음을 둘러싸고 나가이 선생님이 독생론적 존재 구조에 대해 논리를 전개하고 있습니다.

너무나 당연해서 아무도 진지하게 생각하지 않는 일이지만, 매우 중요하다고 생각합니다. 그 점을 깨달으면 '나다움'이라는 개념이 깨끗이 사라집니다.

'나다움'이라고 말하는 시점에서, 내가 지금 여기 존재하는 것에 안심하지 못하는 것이지요. 그 불안을 메우기 위해 목적적 사고를 하거나 목적을 이루기 위해 인내하거나 노력함으로써, 안심할 수 있는 이유를 만들려고 합니다.

'나는 인내해서 노력하고 있기 때문에 여기에 있어도 될 거야'라든가 '나는 사회적으로 지위가 있고 사회에 기여하고 있고 세금도 잘 내고 있어. 그러니까 나는 여기에 존재해도 괜찮을 거야' 하는 식입니다. 모두들 안심할 수 있는 이유를 찾고 있죠.

하지만 자신의 존재에 안심할 수 있는 이유를 억지로 만들지 않아도 됩니다. 후지타 잇쇼 씨는 "마음을 내려놓았더니 이미 바닥에 발이 닿아 있었다"라고 표현하고 있습니다.

이 나무로부터 떨어지면 끝이라고 생각해서 들러붙어 있었지만, 시원하게 내팽개치고 보니 떨어지고 말고 할 것도 없이 '어? 발이 닿았네' 하고 깨닫게 됩니다. 《애벌레는 한 번 녹아서 나비가 된다》(후지타 잇쇼·사쿠라이 유키노리·코이데 하루코, 2017)에 쓰여 있습니다.

사람은 바뀐다는 생각의 중요성

마츠모토 축 사고를 가진 사람은, '축'인 이상 당연히 '일관되게 흔들리지 않는 나의 축을 가지고 싶다'는 마음이 들 거라고 생각합니다. 그러나 석가모니 부처가 '제행무상', 즉 일절 변하지 않고 계속 존재하는 것은 아무것도 없다고 말했듯이 그런 것은 손에 넣을 수 없습니다.

어제 했던 생각이 오늘 달라지기는 게 인간이 가진 특성 아닐까요? 어제의 의견은 어제의 의견, 오늘의 의견은 오늘의 의견으로 `합니다.

타인을 휘두르지 않도록 주의를 기울일 필요는 있지만, 자연스럽게 바뀌는 의견을 부정하지 말고 그때그때의 변화를 받아들이는 것이 중요하다고 생각합니다.

미우라 사람은 계속 바뀌기 때문에, 바뀌면 바뀌는 대로 그때그때 솔직하면 된다는 사고방식은 아주 멋지네요. 변화(transition)가 한창 일어나고 있을 때는, 지금까지 말해 온 것과 생각하는 것 사이에 격차가 많이 나타납니다.

'나중에 사업을 한다'거나 '어떠어떠한 성과를 낸다'와 같은 꿈이나 목표도 바뀌어 갑니다. 변화는 바람직하지 않다는 세계관을 통해 바라보면, 바뀌어 가는 것은 무서운 일일지도 모릅니다. 그러나 주변의 상황이 바뀌면 생각하는 것도 바뀝니다. 지금의 자신에게 솔직해지는 것이, 다음의 가능성을 열어 간다고 생각합니다.

그러고 보니 아라시(1999년 결성된 일본의 아이돌 그룹)가 2020년 12월 31일을 마지막으로 활동을 중지한다고 발표했지요. 당시 기자회견에서 리더 오노 사토시 씨의 발언이 굉장히 인상적이었습니다. "한 번쯤 어떤 것에도 얽매이지 않고 자유로운 생활을 해 보고 싶다"고 말했던 것으로 기억합니다.

전환의 관점에서 보면 굉장히 흥미롭습니다. 아마 그동안 활발하게 연예 활동을 해 온 오노 씨도, 자유롭게 생활하는 일을 뒤로 미뤄 왔으리라고 생각합니다.

세상 사람의 눈도 의식해야 하고, 일반인이 상상할 수 없을 정도의 갈등을 느끼는 일도 많지 않았을까요? 주변 사람들의 반응이 각양각색이지만, 참을 수 없는 일이 버젓이 통용되는 일본에서 쉽지 않은 결정이었을 거라고 생각했습니다.

마츠모토 생각이 바뀐 것을 솔직하게 이야기하는 건, 전환에서도 중요한 일이라고 생각합니다. 자신이 한 말에 책임을 진다는 것이, 반드시 어제 한 말과 오늘 할 말이 똑같다는 걸 의미하지는 않을 것입니다.

만약 어제의 생각과 오늘의 생각이 다르다면, "어제는 이렇게 생각했지만 생각이 바뀌어서 오늘은 이렇게 생각했습니다"라고 솔직하게 말하면 된다고 생각합니다.

과거의 약속이나 계약은 소중하게 여겨야 마땅하지만, 그것은 그것대로 과거의 생각이나 행동에까지 지금의 내가 얽매일 필요는 없을 것입니다. 그러나 그런 식으로 내가 나의 마음을 구속하는 일은 굉장히 많지 않을까요?

내가 변화하고 있음에도 불구하고, 지금까지 가지고 있던 생각을 바꾸지 못해 움직일 수 없게 된 사람이 많다고 생각합니다.

하고 싶은 일을 찾지 못하겠다며 상담하러 온 분들에게는, "사람이 하고 싶은 일이라는 것이 계속 바뀌고 내 마음도 날씨처럼 시시각각 변해서 불확실하니까, 하고 싶은 일에 지나치게 얽매이면 너무 힘들어지지 않을까요?"라고 말합니다. 변화하는 상황에 맞춰 필요에 따라 내려놓지 못하면 점점 힘들어집니다.

미우라 인생을 살아갈 때 그때그때의 진심으로 도움을 구하는 것도 중요한 일이라고 생각합니다. 수직적 전환이 한창 일어나는 과정에서, 내면 세계가 점점 무너져 갈 때 자신이 믿고 있던 것에 대해 일시적으로 의심을 갖게 되는 것이죠.

그때 주변을 공격하지 않고 마음을 열어 이야기할 수 있는 관계가 존재한다면, 전환이 일어나기 쉽지 않을까요.

전환을 일으키기 쉬운 환경을 갖추어 나가는 것은 중요합니다. 한가한 시간을 만들어 보거나, 전환의 과정을 볼 수 있는 친구를 만들어 나가고, 솔직한 마음을 나눌 수 있는 관계를 만들어 나가는 것이지요.

전환을 위해 작위적으로 만들어 가는 것은 아니지만, 인생의 어딘가에서 전환이 일어날 때는 과정이 긍정적이든 그렇지 않든, 힘들든 그렇지 않든 즐기면서 몸을 맡기면 된다고 생각합니다.

마츠모토 수직적 전환의 진행에 관해, 종종 질문을 받습니다. "만약 수직적 전환이 일어나 욕구가 완전히 사라져 버린다면, 아무것도 움직일 수 없게 되지 않을까요?"

저는 욕구를 없앤 적이 없기 때문에 직접 겪어 보진 않았지만, 많은 선배 승려의 가르침을 통해 나를 충족시키는 욕구가 사라지더라도 세상에는 고통을 안고 있는 사람이 굉장히 많기에 일이 없어질 일은 없다는 것을 배웠습니다.

생각해 보면 부처도 팔십 년의 생애를, 서른다섯에 깨달음을 얻고 나서 사십오 년간 사람들의 고통을 없애기 위해 보냈습니다. 욕구가 사라지면 자비를 통해 행동할 수 있게 되지 않을까요?

수직적 전환이 일어나 완전히 욕구를 내려놓는 사람은 없을 것입니다. 하지만 분명 고통을 줄여 나갈 것이고, 자비를 가지고 다른 사람에게 도움이 될 수 있는 길 또한 자연스럽게 개척해 나가리라고 생각합니다.

긍정이든 부정이든
받아들인다

모든 감정은 고통과 연결된다는 깨달음

마츠모토 불교의 근본적인 목적은 '자타의 발고여락', 즉 자신과 타인 모두에게서 괴로움을 줄이고 즐거움을 주는 것이라고 말해도 좋을 것입니다. 불교는 그것을 위한 가르침이기도 하고 도구이기도 합니다. '일체개고(一切皆苦)'라는 말도 있습니다. 모든 것은 고통이라는 말입니다.

'가르침이 뭐 이렇게 어둡지?', '왜 이렇게 부정적인 거야?'라고 느껴질지도 모르겠습니다. '감추자.' 저도 옛날에는 그렇게 생각했기 때문에, 여기에서 말하는 '고통'은 괴롭다거나 아픈 것이 아니라 생각대로 되지 않는 것, 즉 불만족을 말합니다.

인생이 바람직한 방향으로 흘러가 만족하고 있을 때, 불교로 마음이 향할 일은 별로 없을지 모릅니다. 그러나 인생은 바람직한 방향으로만 흘러가진 않는 법입니다. 반드시 그렇지 않은 때가 찾아옵니다.

불교가 말하는 '고통'이 생기는 메커니즘을 알 수 있는 기회입니다. 바람직하지 않다는 감정뿐만 아니라 바람직하다는 감정도 고통과 연결되기 때문입니다.

미우라 부정적이든 긍정적이든 고통으로 연결되는 것이군요.

마츠모토 네. 어떤 대상을 부정적으로 보는 것도 긍정적으로 보는 것도 자기 나름이고, 어느 쪽이든 '가까이하고 싶다'거나 '멀리하고 싶다'는 집착을 낳는다고 할까요. 어느 쪽이든 '내 생각대로 하고 싶다'는 직착이고, 고통의 씨앗이 됩니다.

따라서 아프다거나 괴롭다거나 하는 부정적인 감정에 대처하기 위해서만 불교가 있는 것이 아니라, 즐겁다거나 기쁘다거나 하는 긍정적인 감정에 대해서도 받아들이는 방식을 정리해 나가는 것이 불교의 방식입니다.

잘 들여다보면, 부정적인 감정뿐만 아니라 긍정적인 감정도 고통을 낳는 씨앗이라는 것을 알게 됩니다. 불교는 부정을 긍정으로 바꾸는 이야기가 아니라 중립으로 보는, 그것은 그것인 채로, 있는 그대로 보는 것이라고 생각합니다.

싫어하는 것, 피하고 싶은 것, 바람직하지 않다고 생각하는 것을 멀리 하려는 건 그것이 없는 상태를 행복이라고 생각한다는 뜻이고, 행복을 성립시키기 위한 조건에 '싫어하는 것'이 들어와 버린다는 뜻입니다.

저는 바퀴벌레를 싫어하는데, 바퀴벌레가 없는 편이 좋다거나 바퀴벌레가 존재하는 게 싫다거나 하는 것의 전제에는 바퀴벌레의 존재가 있습니다.

좋아하는 것도 마찬가지입니다. 좋아하는 사람이나 좋아하는 것, 예를 들어 디자인이 귀여워 마음에 드는 머그컵이 있으면 기쁘지만, 없으면 불행해져 버립니다. 싫어하는 것뿐만 아니라 좋아하는 것 역시, 행복의 성립 조건이 됩니다.

모든 조건이 행복의 조건으로 존재하는 한, 고통을 낳습니다. 조건을 만드는 것에서 벗어날 필요가 있습니다. '필요가 있다' 역시, 조건을 붙이는 것이지만 말입니다.

미우라 저에게 상담을 받으러 오는 분들 중에도 긍정은 '오케이', 부정은 '노'라고 생각하는 분들이 많습니다.

예를 들어 지인 중에 '사회인으로 돈을 벌어야 한다'라는 강한 의지를 가지고 있는 분이 있는데, 그는 늘 성장을 위한 시간을 더 효율적으로 확보하고 이외의 시간을 줄이려고 노력합니다.

사회인으로서 유의미하게 돈을 버는 상황을 꿈꾸고 그것을 달성할 수 있는 건 좋은 것, 달성할 수 없는 건 나쁜 것이라는 태도가 베어 있었습니다. 늘 긍정적인 방향으로 나아가려고 애썼습니다.

목표를 가진다는 것에 대해 저는 찬성도 반대도 하지 않지만, 그는 긍정과 부정의 틀로 모든 걸 바라보고 있다는 걸 솔직하게 말해주었습니다.

부정적인 일이 일어났을 때 억압해야 한다고 반응하는 것도 있는 그대로 인정하라고 말했더니, 제법 마음이 편해진 듯했습니다. 만날 때마다 인상이 점점 부드러워졌던 것 같습니다. 오히려 지금 사회인으로서 더 많은 성과를 내고 있는 것처럼 보입니다.

오래된 분노에서 새로운 분노로

미우라 이번에는 조금 다른 이야기를 해 보려 하는데요. 긍정 혹은 부정에 관한 이야기를 할 때, 감정을 다루는 것에 '긍정 신앙'이 자주 등장한다고 느낍니다. 불교 신자 분들과도 이야기를 나누어 보니, 감정 분류하기를 그만둔 분이 많은 듯했습니다.

그중에서도 《불교 사이콜로지》(후지타 잇쇼·프라유키 나라테보, 산가, 2018)의 저자 중 한 명인 프라유키 씨가 말하는 감정 다루는 법은 굉장히 참고가 됩니다.

프라유키 씨는 감정에는 좋은 감정, 나쁜 감정이 없고 '모두 일단 오케이!' 하며 인정해 버린다고 합니다. '감정은 내가 정말로 바라는 걸 알기 위한 신호'라는 수용 방식을 취하고 있었습니다.

감정을 다루는 방식은, 21세기라는 변화의 시대를 살아갈 때 매우 중요한 기술이라고 생각합니다. 대인 관계에서 감정을 연구하는 정서 지능(emotional intelligence)이라는 연구 영역도 있고, 그 중요성에 대한 인식이 조금씩 자라고 있습니다.

수직적 전환에 있어서도 감정을 다루는 법은 중요합니다. 감정은 진심으로 바라는 것을 아는 신호이고, 숨겨진 억압된 바람을 자각하는 계기가 됩니다. 특히 희로애락(喜怒哀樂) 중 '로'와 '애'는 억압되기 쉽기 때문에 주의를 기울여야 합니다.

일부러 분류해서 네 개로 정리했는데, '희'와 '애'는 느껴도 좋은 감정이라고 생각하는 사람이 많기 때문에 남은 두 가지 감정이 매우 중요하다고 생각합니다.

마츠모토 '로'와 '애'의 감정은 억압당하는 일이 많습니다. 자신 안에 그런 감정이 있다는 걸 인정하고 싶지 않기 때문이죠.

미우라 '로'와 '애'의 감정은 인생을 열어 나가는 데 중요합니다. 저의 세션을 듣는 분들에게는, 어떤 감정이 떠올랐을 때 기록해 보는 걸 권합니다.

특히 저는 분노의 감정이 중요하다고 생각해서, 화를 내게 된 사건이나 무엇에 화를 내었는지 등을 파헤쳐 보면 인생이 역동적으로 전환해 나가는 관념을 발견하는 경우가 많습니다.

정신과 의사 이즈미야 칸지(喜怒哀樂) 씨가 수많은 환자를 상대로 한 임상 실험에서 얻은 분노에의 고찰은 참고할 만합니다. 환자가 변화를 겪기 시작할 때, 분노가 가장 먼저 나온다고 합니다.

분노에는 오래된 것과 새로운 것이 있는데, 전자는 과거에 삼킨 분노가 줄줄이 연결되어 있는 것이고 후자는 '지금 여기'에만 반응하는 상대방의 언동에 대해서만 분노가 발동하는 것이라는 견해를 취하고 있습니다.

오래된 분노에 귀를 기울이고 억압에서 벗어나면 새로운 분노가 나온다는 이야기는 매우 중요한 지적입니다.

저는 인내를 미덕이라고 여기면서 감정을 숨겨왔다고 생각합니다. 결국 크게 폭발해 버리기 마련입니다. 이즈미야 씨의 말을 빌리면 쌓아 두지 않고 작은 폭발, 즉 새로운 분노를 표출할 수 있게 되면 건전한 정신을 갖출 거라고 생각합니다.

또 이즈미야 씨는 마음에서 유래한 깊은 감정은 몸, 마음과 일치할 거라고 지적하는데, 이 의견에도 찬성합니다. 우리들은 머릿속에서 꿈이나 목표를 그리는데, 제어하고 싶다는 바람 아래 '하고 싶다'는 표현으로 떠오르지요.

이때 '해야 한다'는 표현의 대체가 일어난다고 할 수 있습니다. 오히려 분노나 슬픔 등 감정의 깊은 곳에 생기는 바람은, 사사로운 생각에 그치지 않고 사명이라고 말할 수 있는 '하고 싶은 것'으로 변용해 나갑니다.

억압의 존재 방식을 내려놓기 위해 억압하고 있는 자신을 인정해야 합니다. 그로부터 나온 감정을 수용해 나가는 것, 감정에 걸리적거리는 기억의 응어리를 수용해 나가면, 감정을 '지금 여기'로 향하게 할 수 있으리라 생각합니다.

나의 존재를
바라보는 게 중요하다

서로 이해하지 못하는 딜레마

미우라 '생각대로 되지 않는다'는 말을 들으니 생각난 것인데요.
저는 친가인 절을 이어받을 것인가 이어받지 않을 것인가 하는 문
제로 고민에 빠져 있습니다.

아버지는 저에게 "너는 절을 이어받지 않을 셈이냐?" 하고 물으
셨습니다. 그리고 이런저런 이야기를 하시며 "너는 사가(佐賀, 일본 규
슈 북서부에 있는 현)에 계속 있어야만 한다"고 말씀하셨어요. 주직(住職,
절을 주관하는 승려)은 그곳에 살아야 하기 때문이지요.

절에 상주하는 데 가치가 있는 것입니다. 절을 이어받는다면, 그

곳에서 계속 살아야 한다는 것 같았습니다.

하지만 그건 제가 받아들이기 힘든 일입니다. 뭐랄까, '주직은 이래야만 한다'라는 틀 안에서 살아가기란 너무나 힘들어 보였습니다.

아버지에게도 제 마음을 전했습니다. 아버지는 "주직으로서 너를 키운 방식은 잘못되었다"고 말씀하셨습니다. 아버지 입장에서는 여태껏 해 온 모든 일을 부정당하는 기분이 들어 하신 말씀이라고 생각합니다. 굉장히 복잡한 기분에 휩싸였죠.

아버지께서는 제가 아버지 생각대로 되길 바라지만 제가 부응할 수 없을 때, 이전에는 부응해야겠다고 생각했을지 모르지만 지금은 제 마음이 향하지 않는데 억지로 향하게 만들기란 너무 어려운 일입니다. 그래서 후계 문제가 제법 난항을 겪고 있습니다.

마츠모토 아버지도 좀처럼 자신의 생각대로 되지 않아 누군가의 탓으로 돌리고 싶어진 것이겠죠.

"아들을 잘못 키웠다"라는 말은 언뜻 스스로를 책망하는 듯 보이지만, 듣는 사람이 죄책감을 느끼기 때문에 결국 상대방을 원망하는 꼴이 됩니다.

미우라 마치 "너는 결함품이다"라고 말하시는 것 같았어요. 아버지가 저를 계속 원망하고 있는 것은 아닌지 걱정입니다.

마츠모토 아버지를 걱정할 정도로, 객관적으로 생각할 수 있게 되셨군요.

미우라 얼마 전까지 아버지가 너무하신 건 아닌가 생각했지만, 아버지 입장에서는 그럴 수밖에 없겠다는 생각도 들었고, 아버지는 아버지로서 고민을 하셨겠구나 하고 생각하게 되었어요.

마츠모토 아버지께서도 아들에게 일부러 죄책감을 심어 주려는 의도에서 하신 말씀은 아닐 것입니다. 막다른 길에 다다라서, 결국 그런 말까지 하게 되어 버린 것이겠죠.

미우라 저도 감정이 앞선 나머지, 말을 잘못 골라서 상처가 되는 말을 아주 많이 했다고 생각해요. 말 자체가 아니더라도 목소리 톤 때문에도, 그럴 수 있을 거예요.

생각대로 되지 않을 때 '어떻게 하면 좋을까' 고민되는 문제는, 동일한 패턴으로 대화해도 잘 해소되지 않는 법입니다.

예를 들어 "나는 사가에 살고 싶지 않다"라고 말했을 때 '절은 어떻게 하지? 너의 고향은 사라지는 거야' 하는 식으로 제 안에서 같은 말이 되돌아옵니다. 알면서도 같은 말이 넘친다면, 스스로도 집착하는 부분이 있거나 집착에서 벗어나지 못하게 된다거나 두려워하는 것이 있다는 뜻입니다.

소란한 마음을 다스리는 법

아마 상대방도 마찬가지일 겁니다. 그것을 무너뜨려 나가는 게 아직은 어렵습니다.

마츠모토 그렇습니다. 집이라든가 거리가 가까울수록, 더 어려울 것입니다. 제가 최근 굉장히 실감하는 게 있는데, 인생의 선택이나 큰 선택도 그렇고 매일의 작은 일상생활의 선택도 그렇지만 '두려움' 때문에 선택해 버리는 일이 굉장히 많다는 점입니다.

두려움 때문에 선택해 버리는 일

마츠모토 저를 두고 '참 용기 있는 선택을 하네'라고 생각하는 사람이 있는 듯한데, 최근에도 막 회사를 설립한 친구와 차를 마실 때 이런 말을 들었습니다.

"나는 겨우 최근에 들어 그렇게 하게 됐지만 너는 꽤 오래전부터 과감한 선택을 해 왔지, 주변 사람들한테 맞추는 게 아니라. 넌 참 용기 있어"라고 말이죠.

그 친구가 그렇게 느꼈다면 그럴지도 모릅니다. 하지만 잘 들여다보았더니 저는 용기가 있기는커녕 보통 사람보다 훨씬 소심해서 '두려움'이 굉장히 강하기 때문에, 두려움에서 벗어나고 싶어 과감한 일을 했다는 걸 깨달았습니다.

저는 사람들이 저를 어떻게 생각할지 지나치게 의식합니다. 그러나 저를 좋게 바라봐 주길 원하거나 부러움을 사고 싶다고는 생각하지 않습니다.

오히려 저를 좋게 생각하면 공연히 기대감을 낳고 부러움을 사서 질투를 낳기 때문에, 누군가가 저를 생각하는 것 자체가 두렵습니다. 저의 말과 행동이 다른 사람의 기분에 영향을 미치는 것 자체를 두려워하고 있다고 생각합니다.

그런 의미에서 책을 내는 일은 더욱더 두려워해야 할 일이겠지만, 의외로 괜찮은 이유는 저의 이야기가 아니라 불교 이야기를 하고 있다고 생각하기 때문입니다.

승려라는 직업은 두려움이 많은 저에게 굉장히 잘 맞는다고 생각합니다. "저는 이렇게 생각합니다"라고 말하지 않아도 되기 때문입니다.

저의 이야기가 아니라 "석가모니는 이렇게 말했습니다", "신란 성인은 이렇게 말했습니다" 하며 말하는 것이죠. '신앙심'이라기보다는 '납득'이라고 말하는 것이 적합할지 모릅니다.

'정말로 그렇네. 아무리 생각해 봐도 나는 도저히 다다를 수 없을 거야'라고 느끼기 때문입니다. 저의 한정된 인생 경험에 비추어 보아도, '정말 그렇다'고 뼈저리게 느낄 수 있습니다. 수백 년, 수천 년이나 전에 설파된 이야기에 지금도 고개를 끄덕일 수 있다는 것은 실로 대단한 일입니다.

그래서 불교를 통해 배운 것을 "저도 불교를 공부해서 인생에 직접 비추어 보았고, 정말로 그렇다고 생각하기에 여러분에게도 소개합니다"라고 사람들 앞에서 이야기하는 데 두려움은 없습니다.

저의 말과 행동에 모든 사람이 반응하지는 않기 때문입니다. 과거의 선배들로부터 배운 걸 제 나름대로 전하고 이야기하기 때문이죠.

미우라 씨 아버지뿐만 아니라 미우라 씨도, '이러이러해야 한다'라는 생각이 있겠죠. '두려움'에 근거했다고 생각할 수 있나요?

예를 들어 아버지라면 지금까지 본업 하나로 인생을 걸어오신 셈이죠. 만약 아들이 이어받아 주지 않는다면, '지금까지 익숙해져 온 모든 것은 어떻게 되는 거지?' 하는 불안감이나 상상조차 할 수 없는 세계로 내팽개쳐지는 듯한 두려움이 있으리라 생각합니다.

미우라 아버지와 이야기할 때에도, 아버지가 '이런 것을 두려워하고 계시겠구나' 하는 걸 조금씩 알게 되면서도 부응하지 못해 걱정되는 상황입니다.

예를 들어 아버지는 "절을 이어받지 않으면 네 고향이 사라지는 거야"라는 말을 반복하세요. 마치 비장의 카드인 양 "고향이 사라져도 괜찮겠어? 고향이 없다는 건 말도 안 돼. 이곳으로 돌아올 수 없는 거라고" 하며 말씀하시는데, 저는 별로 괴롭지 않습니다. 저는 이 지구가 고향이라고 생각하거든요.

아마 아버지 자신이 고향을 잃는 걸 굉장히 두려워하고 있으리라 생각합니다. 타인에게도 비장의 카드처럼 작용할 거라 생각하는 거죠.

제가 두려워하는 건, 어느 한곳에 자리 잡아 다른 곳으로 이동할 수 없게 되는 것입니다. 또 저의 자유가 제한당하는 데 대한 두려움도 있습니다.

'생각대로 하고 싶다'라는 마음을 만났을 때

마츠모토 오랜 시간 익숙해진 것일수록 잃는 걸 두려워하기 마련입니다. 특히 집, 일과 같이 인생과 정체성에 있어 큰 의미를 가지는 것이라면 두려움은 더욱 커지겠죠.

일상생활에 약간 더해 주는 정도의 대상이라면, '내 생각대로 하고 싶다'는 마음도 그렇게까지는 커지지 않을 것입니다.

복권에 당첨되고 싶다고 생각해도 당첨되지 않는다든가, 취미와 관련된 오디션에 합격하고 싶어도 합격하지 못하는 것처럼 말이죠. 충족되지 못하는 것보다는 충족되는 편이 좋겠지만, 충족되지 않아도 그렇게까지 집착하진 않습니다.

그러나 지금 내 손에 없으면 지금의 내가 더 이상 내가 아니게 될 것 같다는 생각이 들 정도로 중요한 것을 잃는다고 생각하면,

불안감이 굉장히 커집니다.

저는 대학 졸업 후 줄곧 승려로 일해 왔기 때문에, 승려를 그만두어야만 하는 상황이 온다면 너무 무서울 것 같습니다.

일도 집도 인간관계 등 인생의 중요한 것 모두가 일체화된 상황에서 몇 십 년이나 주직을 전업으로 삼고 있다면, 내려놓아야만 할 때의 불안감은 상상할 수 없을 정도일 것입니다.

만약 주직 외에 다른 일을 하고 있다면 어떨까요? 적당히 일하고 연금도 들어오고 생활 기반도 있고… 이런 상황에 놓여 있었다면, 아들이 절을 이어받을 것인가 이어받지 않을 것인가의 이야기에 아버지의 반응은 달랐을지도 모릅니다.

예를 들어 "싫으면 무리해서 이어받지 않아도 좋아. 하지만 내 한정된 인생 경험에 비추어 생각해 보면 승려도 나쁘지 않단다", "무조건 싫다고만 하지 말고, 좀 생각해 보면 어떻겠니?" 하는 정도의 반응에 그쳤을지도 모릅니다.

그렇다면 아무래도 집이나 지역의 인간관계 같은 큰 문제와 연관된 일이기 때문에, 간단하지 않다고 생각하겠지만 말이죠.

따라서 자신이든 타인이든 '생각대로 하고 싶다'는 강한 마음을 만났을 때는, 그가 무엇을 두려워하고 있는지에 주목하는 것이 중요하다고 제 자신을 보며 느꼈습니다.

본인도 확실하게 깨닫지 못한, 의식조차 할 수 없는 곳에서부터 솟아오르는 뿌리가 깊은 것도 있을 것입니다. 그것을 알아차리려면 어떨 때 감정이 앞서는지 참고가 되리라 생각합니다.

예를 들어 화를 낸다든가 극심한 죄책감에 사로잡힌다든가 혐오감을 느낀다든가, 분명해지면 '무외시'를 서로 베풀 수 있을 것입니다.

미우라 애초에 감정에는 좋은 것도 나쁜 것도 없지요. 강제로 떠밀리듯 무언가를 느낄 때 배경에 무엇이 있는 것인지, 무엇이 나를 그렇게까지 감정적으로 만드는 것인지 생각하는 게 중요하다고 생각합니다.

행동, 언어, 사고를 다루는 습관

마츠모토 누구나 버릇을 가지고 있습니다. 불교에서는 '신구의 (身口意)의 3업'이라고 하는데, '몸과 마음의 버릇', '말버릇', '사고방식의 버릇'은 오랜 시간 동안 축적되면서 강화되어 인격에 반영되어 갑니다.

예를 들어 특정 대상이나 사상을 만났을 때 반사적으로 행동한다거나 생각지 못한 말을 내뱉는다거나 좋지 않은 기억을 떠올린다거나 하는 식이죠. 똑같은 패턴이 반복적으로 강화되어 갑니다.

흔히 좋지 않은 것을 경계하고자 "아무도 보고 있지 않아도 하늘

이 보고 있다"라는 말을 하는데, 이를 차용하면 "아무도 보고 있지 않아도 내가 보고 있다"인 것입니다.

따라서 몸, 말, 사고방식 하나하나에 책임감을 가지고 세심하게 다루는 게 중요합니다. 타이나 미얀마 등 상좌 불교계는, 일상생활 속 모든 행동을 느긋하고 세심하게 관찰하며 수련해 나갑니다.

'계(戒)'란 원래 팔리어로 '시라'라고 하고 '습관', '예의범절', '인격' 등으로 번역됩니다. 출가해서 승려가 되는 의식에 '수계(受戒)'라는 것이 있는데, 불교에서 중시하는 습관을 받아들여 지켜나가는 일이 될 것입니다.

'계'라고 하면 '지켜야 하는 규칙'의 이미지가 떠오를지 모르지만, '계'는 타인을 심판하기 위한 것도 아니고 심판당하는 것을 두려워해서 의무적으로 지키는 것도 아닙니다. 어디까지나 자신을 위해 지키는 것입니다.

우리는 '신구의'의 버릇으로 이루어져 있다고 해도 과언이 아닙니다. 그것을 갖추기 위한 좋은 습관을 들이는 게 중요합니다.

행동 방식, 언어의 사용 방식, 사고방식, 모든 것은 어렸을 때부터 조금씩 반복해 습관으로서 몸에 익혀 나가는 것들입니다. 습관이 바뀌면 인격도 바뀔 것입니다.

인간이 완벽할 수 없는 이유

마츠모토 인간이기 때문에 완벽할 순 없을 것입니다. 저만 하더라도 '아, 또 저질러 버렸다', '알고는 있지만 그만두지 못하겠다'의 반복입니다. 모두 그렇다고 생각합니다.

최근에는 작은 일에도 뭇매를 맞고 악플이 쇄도하는 일이 적지 않은데, '신구의의 3업'에의 자각이 있다면 타인에게 돌을 던지고 싶은 마음은 들지 않을 것입니다. 완벽한 인간이 존재할 리 없기 때문이죠.

'넷 카르마(net karma)'의 시대는 특히 더 그렇다고 생각합니다. 지금은 과도기인 듯합니다. 넷 카르마는 사사키 시즈카(佐々木 閑) 씨의 책 《넷 카르마: 사악한 가상 세계로부터의 탈출》(가도카와, 2018)에서 언급된 개념입니다. 예를 들어 누군가가 도둑질을 해서 붙잡혔을 때, 얼마 전까지는 처벌을 받고 끝났겠지만 지금은 도둑질 정보가 인터넷상에 계속해서 떠돈다는 것입니다.

작은 결점을 발견하면 왈가왈부하며 "이 사람은 이것만 해도 영망이니까 전부 엉망일 거야"라고 말하는 건 간단하지만, 세상에 완벽한 사람은 어디에도 없습니다.

아무리 애써도 다른 사람을 용서할 수 없을 때는, 그 사람의 형편없는 구석에 감정이 반응하는 거라고 생각합니다. 걸리적거리는 게 없으면 반응하지 않을 것입니다. 다른 사람을 용서하지 못한다는 것은, 자신을 용서하지 못하고 있다는 반증이지 않을까요?

신란 성인은 '한 가지 계(戒)도 지킬 수 없는 중생'인 자신의 어리석음을 냉철하게 바라본 사람이었습니다. 계를 지키기는커녕 대수롭지 않은 계기로 일을 저지를 수도 있는 게, 바로 자기 자신입니다. 중생이기 때문에, 아무리 굳게 마음먹어도 '또 저질러 버렸다', '알고는 있지만 그만둘 수 없다'가 끝없이 반복됩니다.

신란 성인도, "어차피 지킬 수 없기 때문에 욕망에 따라 살아가면 된다"고 대담한 태도를 취하는 건 옳지 않다고 여겼습니다.

신란 성인의 말 중에, '독을 없애는 약이 있다고 하여, 독을 좋아서 마시는 일이 있어서는 안 된다'는 말이 있습니다. 약이 있다고 해서 독을 먹어서는 안 된다는 것이죠.

응석을 부리지도, 벌을 하지도 않은 채 자신의 존재를 바라보는 것이 중요하다고 생각합니다.

내가 나로서
여기에 존재한다는 이치

노력과 인내로 존재를 메우려는 생각

마츠모토 일본인은 종교가 없다고들 하는데, 저는 그렇게 생각하지 않습니다. 불교냐 신도(神道, 일본에서 발생한 고유의 민족신앙)냐 하는 말이 아니라, 제가 생각하기에 이 나라에 가장 깊숙이 침투한 종교는 노력교와 인내교가 아닐까 하는 이야기입니다.

나는 노력하고 있어, 나는 인내하고 있어. 그러니까 여기 이렇게 존재해도 괜찮을 거야라는 신앙입니다. 존재하는 것에 대한 불안감을 노력이나 인내로 메우려고 하는 정신이 매우 강하게 느껴집니다.

노력교와 인내교를 혼자 믿으면 그나마 다행이지만, 집단 차원에서 믿으면 문제가 커집니다. '나는 이렇게 노력하고 있는데 저녀석은 왜 노력하지 않는 거지?'와 같은 식으로 자신의 괴로움을 다른 사람 탓으로 돌리고 또 강요하게 됩니다.

이런 상황에 이르게 된 건, 교육이나 사회 구조 등 여러 원인이 복합적으로 작용했기 때문일 것입니다. 그러나 계속해서 행복을 나중으로 미루고 성과를 미래로 미루는 것은, 불교에서 보면 고통 강화와 연관이 있습니다.

경제도 계속 성장하고 인구도 늘어나기만 하던 시대에는 '오늘 노력하고 인내하면, 내일 반드시 더 좋아진다'는 생각이 반복되어 왔기 때문에, 신구의의 버릇으로서 스며든 거라고 생각합니다.

노력교와 인내교의 세력이 강한 세계에서는 그것이 인간을 평가하는 축이 되기 때문에, '노력하고 있으니까, 인내하고 있으니까 나는 괜찮을 것'이라는 식으로 정체성을 유지하기 위한 중요한 요소로 자리 잡고 있습니다. 많은 사람이 자신도 모르는 사이에 스스로를 옥죄고 있는 건 아닐까요?

'꿈이나 목표를 가져야 해', '무언가가 되어야 해' 하고 '나의 축은 이것'이라고 정해서, 미래의 행복을 이루기 위해 부단히 노력하는 것이죠. '인내하고 있으니까 나는 괜찮을 거야' 하며 스스로를 다잡는 건 괴로운 일일 것입니다.

'나는 이대로 괜찮다'고 생각하고 있을지 모르지만, 아무래도 어단가에서는 무리를 하고 있는 것입니다. 따라서 '나는 노력하고 있는데, 저 녀석은 왜 태평한 거지? 노력과 인내가 부족한 것 아닌가?' 하며 타인을 심판하게 됩니다. 그리고 더 노력하라고, 더 몰아넣으라고 타인에게 강요하기 시작합니다.

사회 규범이 가져오는 죄책감

미우라 제가 진행하는 전환 세션의 클라이언트 중에 존재하는 것 자체에 죄책감을 안고 있는 분이 있습니다. 그분은 일에서 성과를 내고자 늘 노력합니다. 쉬는 날에도 자신의 가치를 높이는 일을 해야 한다는 생각이 매우 강고합니다.

그분의 이야기를 처음 들었을 즈음에는 죄책감 같은 것은 느끼고 있지 않은 듯보였지만, 사실은 죄책감에 시달리고 있다는 걸 차츰 알게 되었습니다.

그분은 죄책감을 느끼는 자신을 들여다보는 과정을 통해 마음의 응어리를 풀어 나갔습니다. '죄책감을 안고 있는 내가 존재한다'는 사실을 파악하지 못하면, 그것을 제거하기 위한 출발점에 설 수 없다는 걸 알게 된 계기였습니다.

저 역시 죄책감을 느끼고 있습니다. 절에서 태어났는데 순조롭게 계승하지 못하는 데 대한 죄책감을 안고 있습니다.

하지만 모두가 공동으로 믿고 있는 '사회 규범에 편승해야 한다'는 생각에서 벗어나자, 죄책감이 줄어들기 시작했습니다.

결국 사회 규범을 자신의 의식에 새겨 넣는 것이고, 마음 깊숙이 안고 있는 감정이 나도 모르는 사이에 억압당하고 있다고 생각합니다.

저에게 죄책감을 느끼는 버릇이 있다는 걸 깨닫는 것조차 할 수 없었던 때는 만성적으로 고통에 시달렸습니다.

마츠모토 분명 사회 규범과 죄책감은 관련이 있습니다. 가업은 반드시 가족이 이어받아야만 한다는 것도 그렇죠. 그럴 때 사람들은 규범에서 벗어난 사람이 죄책감을 느끼고 다시 규범 안으로 들어올 수 있도록 재촉하는 말을 고른다고 생각합니다.

그것이 무엇이든 무의식적으로 내뱉어 버림으로써 상대방이 부끄러움을 느끼게 만든다거나 책임감을 느끼게 해서, 규범 안으로 들어오게 하려는 건 아닐까요?

한 번은 장학금을 받아 유학하는 학생과 이야기를 나눈 적이 있는데, 그는 자신에게 돈을 투자해 준 사람을 배신해서는 안 된다는 의식이 매우 강했습니다. 책임감을 느끼는 것 자체는 나쁘지 않다고 생각하지만, 유학 도중 이것저것 경험하는 과정에서 시야가 넓어져 계획이 변경되는 일도 있을 것입니다.

원래 A를 공부하려고 유학을 떠났지만 A보다 B에 더 흥미를 느끈다거나 B가 더 중요한 주제임을 깨닫는다거나, 이과 분야를 염두에 두었지만 소설을 쓰고 싶어질 수도 있는 것이죠. 인생을 바꾸는 경험 또한 유학의 목적일 것입니다.

하지만 장학금을 받아 줄곧 A를 공부해 왔기 때문에 진로를 바꿔서는 안 된다, 무조건 원래의 계획을 실행해야 한다고 생각하는 성실한 청년이 의외로 많습니다. 바꾸는 것에 죄책감을 느껴 버리는 거죠.

저는 좀 더 마음 편하게 생각해도 좋다고 생각합니다. 사람은 바뀌는 법이기 때문입니다. 바뀌지 않으면 성장도 없습니다. 다양한 연(緣)에 의해 지금 여기에 존재하고, 다음에 무슨 일이 일어날지 알 수 없지만 나는 변해 나갈 것입니다.

나라는 존재는 제멋대로인 법입니다. 마음의 날씨도 변덕이 심하죠. 오랜만에 만나는 옛 친구에게 "너 변했다"라는 말을 듣는 걸 두려워할 필요 없습니다.

바뀌지 않으려고 아무리 노력해도 나이가 드는 법이고, 계속 바뀌기 때문에 붙들고 늘어질 수도 없습니다. 바뀌어 가는 걸 바뀌지 않았다고 우겨도 소용없지 않을까요? 죄책감을 느끼지 않아도 된다고 생각합니다.

미우라 이상적인 상태가 설정되어 있는 시점에서, 딱 들어맞지 않으면 죄의식을 느껴 버리는 것이죠. 현대 시대에서 이상적인 상태가 느긋하게 변화해 가고 있는 것 같습니다.

윗세대는 개성을 드러내며 살아가기보다 요구받은 역할을 다하는 경우가 많았던 것 같습니다. 반면, 지금의 십 대, 이십 대는 모든 일을 하고 싶은 걸 바탕으로 생각하는 경우가 많은 듯합니다. 혹은 사회 공헌이 바탕에 자리 잡고 있는 경우도 많지요.

지금은 시대적으로 과도기에 해당하기 때문에, 무엇이 정답인지 모른 채 윗세대와 아랫세대의 갈등이 빈번히 일어나고 있다고 생각합니다.

어쩌면 노력교나 인내교는 천천히 해체될 가능성도 있지만, 문화는 상호 작용 속에서 학습되기 때문에 사회 규범들은 계승되어 갈 가능성도 있습니다.

하고 싶은 일이 아니라 치료가 되는 일이다

마츠모토 노력교와 인내교의 세계를 살아가는 사람 중에는 '하고 싶은 것'과 '해야만 하는 것' 사이에서 고통받는 경우도 있습니다. 하고 싶은 것을 하는 데 죄책감을 느껴 버리기 때문이죠.

예를 들어 당신이 하고 싶은 게 '그림 그리는 일'이라고 합시다. 평상시에는 회사원으로 회사를 다니고 있고, 가끔 유급 휴가를 내서 하루 종일 풍경화를 그리고 싶다고 합시다.

하지만 모두 일을 하고 있는 시간대에 혼자 유급 휴가를 받아 그림 같은 걸 그리는 것은 면목 없는 짓이라며 죄책감을 느껴 그림 그릴 형편이 되지 못하는 겁니다.

저는 그런 분들께 "하고 싶은 일이 아니라 치료가 되는 일이다, 살아가기 위해 이 치료가 꼭 필요하다고 생각해 보면 어떨까요?"라고 말합니다.

'나는 한 달에 한 번은 회사를 쉬고 그림 그리는 시간을 가져야 살아갈 수 있다. 나에게 꼭 필요한 치료다. 병원에 가는 것과 같다'라고 생각하면 죄책감을 느끼지 않을 수 있습니다.

물론 굳이 그런 식으로 생각하지 않아도, 하고 싶은 걸 할 수 있다면 아무 문제가 없을 것입니다. 다만 노력교나 인내교가 너무 깊숙이 침투해 있으면, 하고 싶은 걸 하는 데 변명이 될 만한 이유가 필요해집니다.

'자신을 속여 적당히 살아가라'고 권하는 게 아닙니다. '내가 여기에 이렇게 살아 있어도 괜찮다'는 나의 존재 기반을 잘 들여다보는 게 중요하다고 생각합니다.

내가 나로서 여기에 이렇게 존재하는 데에는 아무런 이유도 필요하지 않겠지만, 나의 존재 기반을 뒷받침해 주는 것에 집착하지 않으면 나는 나로서 존재할 수 없다고 생각해 버리는 것이죠.

머릿속 이야기에서 벗어나라

마츠모토 저는 언제나 제 자신을 잃는 게 두려워 안심하기 위해 이런저런 것을 손에 쥐려고 합니다. 더 두꺼운 갑옷을 입고 저를 지키려고 합니다. 손에 쥐거나 손에 넣는다는 것 자체가, 사실은 환상이지만 말이죠.

'내 것이다'라든가 '내 것이 아니다'라는 건, 머릿속에서 붙인 라벨에 불과합니다. 물론 소유권이라든가 사회 계약적인 의미에서 소유를 지탱하는 구조는 존재합니다.

그러나 만약 남극 대륙이 법률상 내 것이 되었다고 해서, "남극 대륙은 내 것이 되었습니다"라고 말해 봤자 남극에 살고 있는 펭귄에게 아무런 영향도 미칠 수 없고 지구에 어떤 변화도 일어나지 않습니다. 내 안에 있는 개념이 바뀐 것뿐이지요.

사람은 스스로 머릿속에 세계를 만들어 혼자만의 씨름을 펼칩니다. '이런 일을 하면 세상 사람들이 비웃을 거야', '이런 일은 세상에서 통용되지 않을 거야' 하며 다른 사람들에게 인정받고 싶어 발버둥치는 것입니다.

말하자면 우리는 머릿속에서 이야기나 게임을 만들어 내 푹 빠져 살아가고 있습니다. 그러곤 이야기나 게임을 현실이라고 생각해 버리죠. 혼자 하는 씨름이 괴로운 이유는, 혼자 씨름을 하고 있다는 걸 깨닫지 못하기 때문입니다. 혼자 씨름을 하고 있다는 걸 깨닫고 나면, 삶의 방식이 달라집니다.

그렇다고 해서 여기가 아닌 어딘가에 다른 세계가 존재한다는 것은 아닙니다. '생사즉열반(生死卽涅槃), 번뇌즉보리(煩惱卽菩提)'라는 말이 있습니다. 나의 생로병사(生老病死), 희로애락 등 이야기 속에서 번뇌로 치장된 모든 것들이 깨달음의 세계와 동떨어져 있는 건 아니라는 말입니다.

이 이야기는 영화에 빗대어지곤 합니다. 상상해 보세요. 영화관에 가서 자리에 앉습니다. 영화가 시작되면 영화관의 설비는 모두 어둠으로 녹아들고, 나는 스크린만 열심히 봅니다. 나라는 존재는 상영되는 영화의 이야기에 몰두해 갑니다.

마찬가지로 지금 여기에서 눈으로 영상을 보거나 귀로 소리를 듣거나 감각 기관을 통해 붙잡고 있는 세계를, 고해상도·고음질의 현실감 넘치는 영화 시청에 빗댈 수 있습니다. 하지만 거기에는 스크린이 있을 뿐입니다.

미우라 이야기적인 사고방식은 허구를 믿는 것, 허구를 공유하는 것이라고 말할 수 있습니다. 나아가 이야기는 정서적·시간적 요소를 포함하기 때문에 이야기를 전달할 때 괜찮은 양식(format)으로 키워 왔다고 말할 수 있을 듯합니다.

있는 그대로의 세계를 보는 것(정견(正見). 팔정도의 하나로 사제(四諦)의 이치를 알고 제법(諸法)의 참된 모습을 바르게 판단하는 지혜)이 불교 사상에서도 중요시되고 있는데, 이야기를 만드는 우리 자신을 자각하기 위한 계시와 같은 것이죠.

마츠모토 그렇습니다. 있는 그대로 봐야 한다는 가르침의 이면에는 이야기를 현실이라고 믿어 버리는 인간의 특성이 있다고 생각합니다.

자신도 타인도
억지로 바꿀 수 없다는 진실

라벨을 붙이는 것, 라벨이 붙는 것

미우라 라벨링에 대해 이야기하려 합니다. 마츠모토 씨는 라벨링을 어떻게 생각하시나요?

마츠모토 라벨링이라는 것은 라벨을 붙이는 것, 즉 '저 사람은 이러이러한 사람이다', '나는 이러이러한 사람이다'처럼 기준에 따라 나 혹은 다른 사람을 평가하는 것이죠.

결국 객관적인 라벨은 존재하지 않고 내가 나에게 붙이는 것입니다. 이것 역시 혼자 하는 씨름입니다.

'다른 사람이 나에게 라벨을 붙이지 않길 바란다'는 건, 스스로에게 붙이고 싶은 라벨과 다른 사람이 붙여 준 라벨이 다를 때 일어나는 일일 것입니다.

'너는 OO지?'라는 말을 들었을 때, 좋아하는 라벨이라면 기쁘게 받아들이고 좋아하지 않는 라벨이라면 반항하고 싶어집니다. 누군가가 나에게 붙이려는 라벨이, 내가 나에게 붙이는 라벨과 같다면 기쁘게 받아들이고 그렇지 않으면 배제하는 것이죠.

누군가가 나에게 라벨을 붙였다고 해서 나에게 변화가 일어나는 건 아닙니다. 생각해 보면 별로 상관없는 일입니다.

아무래도 좋지만, 신경 쓰이는 이유는 '나'라는 소우주 속에 내가 그리는 이상적인 세계를 만들고 끊임없이 조작하려 하기 때문입니다. 뇌 속에서 영화를 보고 있는 듯한 일입니다.

나에게 붙은 라벨을 신경 쓰는 사람은, 다른 사람에게도 라벨을 붙이려는 경향이 있습니다. 무엇이든 라벨을 붙이고 바라보는 습관이 있기 때문에, 다른 사람에게도 같은 것을 기대하게 됩니다.

라벨을 붙이는 것은, 사람을 차별하는 일과도 연결됩니다. 예를 들면 '나는 이러이러한 사람보다 낫다'거나 '이 사람의 가치관은 받아들일 수 없다'는 식입니다.

타인보다 나에게 좋은 라벨을 붙임으로써 안심하고 싶어 하는 것이죠. 반대로 라벨링을 별로 의식하지 않는 사람은 그런 생각 자체를 하지 않을 것입니다.

보고 싶지 않은 것을 마주하는 용기

미우라 고개가 끄덕여집니다. 저는 아티스트로서 보여 지길 바랐던 시기에 누군가가 저에게 라벨을 붙여 주길 바랐고, 제가 좋아하지 않는 사람에게 라벨을 엄청나게 붙여 댔습니다.

ADHD라는 사실을 인정하지 못했던 때, 주변 사람들과 다툴 일이 참 많았습니다. 제 자신을 용서하지 못했기 때문에, 저와 비슷한 사람이나 같은 패턴을 보이는 사람을 만나면 굉장히 불안해졌습니다.

하지만 '뭐 어때' 하고 가볍게 넘길 수 있게 되고 난 후로는 다른 사람과 부딪히는 일이 눈에 띄게 줄었고, 나아가 놀랍게도 다른 사람이 저에게 '이렇게 해야 한다'라고 말하는 일도 줄어들었습니다.

또 제 자신을 용서하자, 다른 사람도 용서할 수 있게 되었습니다. 제가 용서할 수 있게 되자, 다른 사람에게 용서받는 일이 늘었습니다. 나의 안 좋은 모습을 감추고 나를 어떻게 포장할까 고민하는 게 아니라, 내가 가지고 있는 것들이나 특성을 어떻게 살려 주변 사람들과 관계를 맺을 것인지를 고민하게 되었습니다.

내가 좋아하는 나는 받아들이고 내가 좋아하지 않는 나는 받아들이지 않는 게 아니라, 내가 어떤 사람이든 받아들일 수밖에 없다고 지금은 생각합니다.

나아가 수직적 전환이 일어나면 허구로서 만들고 있는 자신의 이미지를 해체해 나갈 수밖에 없고, 용서할 것도 용서받을 것도 없음습니다. 해소되어 가는 것이죠.

마츠모토 보고 싶지 않은 것이 있다는 건, 배후에 두려움이 있다는 의미입니다. 두려움을 직시해야 한다는 사실이 두려워 '보고 싶지 않다', '보지 않아도 된다'는 상태를 만들게 되지요.

'내가 싫어하는 사람은 종종 나를 닮아 있다'고들 합니다. 다른 사람에게서 내가 싫어하는 나의 모습을 발견했을 때, 보고 싶지 않았던 것들과 마주하게 되어 두려운 감정이 자극됩니다. 저 역시 그런 경험을 한 적이 있습니다.

하지만 고개를 돌리고 싶은 마음을 꾹 참고 마주하고자 노력하는 것은, 오래된 습관을 없애는 데 좋은 연습이 된다고 생각합니다. '좋든 싫든 어쩔 수 없잖아' 하고 인정하면 조금씩 변화가 일어납니다. 보고 싶지 않다며 뚜껑을 덮어 버리고 봉인하면 할수록 자신으로부터 눈을 돌리게 됩니다.

미우라 전환이 진행될 때는 보고 싶지 않은 것을 의식적으로 마주해야 합니다. 전환을 돕는 입장으로서 보고 싶지 않은 걸 보는 데 많은 에너지가 필요하다는 걸 잘 알고 있지만, 하지 않으면 해결할 수 없습니다.

'무조건 해야 한다'고 이야기할 때는 센서가 반짝 켜지는 듯합니다. '무조건'이라는 말의 배후에는 두려움이 있습니다.

마츠모토 용서하면 자비에의 공감을 할 수 있게 됩니다. 다만, 저는 공감이라는 말은 잘 사용하지 않습니다. '다른 사람에게 공감할 수 있다'고 생각하면, 금세 다른 사람에게 저의 가치관을 강요하게 될 것 같기 때문입니다.

냉철하게 들릴지 모르지만, 저는 무슨 수를 써도 다른 사람을 진정으로 이해할 수 없다고 생각합니다. 하지만 공명하고 있다는 느낌은 받습니다.

미우라 '공명한다'는 말 좋네요. 전환도 공명해 나가는 것이라고 생각합니다. '용서하다', '용서받다'라는 화제를 예로 들면, 용서하지 못한 게 점점 풀어지며 주변 사람들도 마음이 편해지고 연쇄 작용 끝에 전환이 일어나게 됩니다.

마츠모토 '풀어진다'는 표현이 인상적이네요. 불교에서는 '제법무아(諸法無我)'라고 해서, '나'라는 존재는 변하지 않는 핵 같은 것이 아니라 인연에 의해 어쩌다 지금 여기에 나타나는 현상에 불과하다고 말합니다.

따라서 용서하고 용서받는 주체와 객체의 관계가 아니라 풀어진 상태로 돌아가는 감각입니다.

미우라 어떤 사람이 보고 싶어 하지 않는 것이 있을 때 그것은 자연스레 드러나기 마련이고, 또 반대로 '그렇지 않아. 나는 이러이러한 사람이야' 하며 내가 다른 사람에게 보여 주려는 것 역시 감추려 해도 드러나는 법입니다.

'남들에게 어떻게 보일 것인가' 하는 이야기는 현대 브랜딩의 관점과도 상통하고 많은 사람이 고민하는 문제이기도 합니다. 인생을 걸어 나가는 과정에서 주변 사람들에게 어떻게 보일 것인가는 생각하지 않을 수 없는 문제입니다.

작위적으로 나 혹은 조직에게 없는 모습을 보여 주려고 거짓된 나 혹은 조직을 연기하면, 그것은 직감적으로 다른 사람에게 전달되어 버립니다.

'이것이 바로 나의 진짜 모습'이라고 생각하며 다른 사람에게 보여 주려고 해도, 보여 주고자 하는 모습과 감추는 모습에 격차가 생기고 있는 그대로의 자신과 자신이 보여지는 방식 사이에 괴리가 생기게 됩니다.

마츠모토 예를 들어 사실은 아주 나쁜 생각을 가진 사람이 무리해서 성실한 사람을 연기하면 그 격차는 어떻게든 드러나게 됩니다. 주변 사람들은 사실 별 생각 없지만, '이 사람은 늘 그런 식으로 비춰지길 바란다'고 느낍니다. 행동이나 표정을 통해 많은 정보가 전해지는 법이죠.

결국 주변 사람들은 그 사람에게 신경을 쓰게 됩니다. '이 사람은 주변 사람들에게 이런 식으로 보여지고 싶어 하는구나' 하는 분위기가 배어나기 때문입니다.

결국 그 사람은 엎드려 절받기로 'OO 씨는 참 성실하시네요'라는 말을 듣고 기뻐하며 계속해서 그런 말을 듣고 싶어 합니다.

하지만 그런 식으로 '이상적인 나'를 만들고 연기하기란 꽤 귀찮은 일 아닌가요? 아마 모두 비슷한 경험을 한 적이 있으리라 생각합니다.

따라서 반대로 지금까지 꽉 쥐고 있던 '이상적인 나'를 내려놓으면 주변 사람들로부터 '어울리기 좋은 사람'이 됩니다. 전보다 주변 사람들이 나를 의식하지 않아도 되기 때문입니다.

예를 들어 어떤 사람이 시간 약속을 잘 지키지 못하는 점을 콤플렉스라고 생각해서 신경 쓴다면 주변 사람은 그것에 대해 이야기하지 않습니다. 그것에 대해 이야기하면 그 사람에게 상처를 줄 위험이 있기 때문입니다.

'이 사람한테 이 말을 하면 지뢰를 밟을지도 몰라' 하는 생각 때문에 지뢰를 가지고 있는 사람 주변에서 사람들이 멀어져 가 버립니다.

마음속 지뢰를 제거하라

미우라 내가 생각하는 이상적인 나의 모습을 주시하고 내려놓으면서, 가능성을 느끼는 존재 방식을 모색하고 균형을 맞춰 나가는 것이 중요하다는 생각을 했습니다.

다른 사람이 신경 쓰지 않도록 행동하면서도 착취의 대상이 아니라 가능성이 있는, 사랑받는 존재로 여겨지는 변화도 일어날 수 있습니다.

이때 억지로 그런 존재가 되려고 하다 보면 오히려 주변 사람이 나에게 신경을 쓰게 되기 때문에, 어디까지나 이상적인 나의 모습을 내려놓는 게 중요합니다.

그런데 마지막에 '지뢰를 밟다'는 비유는 굉장히 이해하기 쉬운 표현이네요. 저 역시 지금도 많은 지뢰를 가지고 있어요. 예전의 저는 지금보다 훨씬 많은 지뢰를 묻어 두었죠. 다가가기 어려운 존재였을 거예요. 부끄럽네요.

마츠모토 지뢰를 없애 0으로 만드는 건, 아마 영원히 불가능할 것입니다. 부처가 아닌 이상 무리라고 생각합니다. 따라서 지뢰는 계속 존재할 겁니다.

나이가 들면 들수록 경험이 늘기 때문에, 지뢰의 수도 계속 늘어갈 것입니다. 저도 제법 나이를 먹었기에 실감하고 있습니다. 나이가 들면 들수록, 살아 있는 한 지뢰는 계속 늘어 갑니다.

인생을 살며 많은 일을 벌여 여기저기에 지뢰가 생기는 것이죠. 그래서 이번에는 마음속에 묻힌 지뢰를 제거하는 엔지오(NGO)를 설립하는 이야기를 해 보려 합니다.

미우라 캐치한 표현이네요. 마음속에 묻힌 지뢰를 철거하는 엔지오를 설립한다니.

마츠모토 음, 철거라기보다는 무효화라고 말하는 편이 좋을지 모르겠네요. 변함없이 새로운 지뢰가 계속 생겨나지만, 동시에 마음의 버릇을 깨달음으로써 지뢰의 힘이 점점 약해집니다.

거기에 또 재미가 있어요. '인생은 이런 일의 반복이지'라는 깨달음도 있을 것입니다.

지뢰 제거는 스스로 할 수밖에 없습니다. 내 안에 존재하는 지뢰 철거 작업을 누군가 대신해 줄 수는 없고, 다른 사람의 마음속까지 들어가 그 대신 지뢰를 철거하는 작업도 할 수 없습니다.

내 안에 설립한 엔지오가 다른 사람 안에까지 들어갈 순 없는 것입니다. 그러나 설립을 지원할 수는 있을지도 모릅니다.

미우라 '자타의 발고여락'은 다른 사람에게 개입해 엔지오를 억지로 만들고 지뢰를 철거하는 활동이라기보다, 다른 사람에게 엔지오를 설립하지 않겠느냐고, 어디까지나 상대가 주도하는 제안을 하는 것인가요?

마츠모토 그렇죠. 누군가를 대신해 만들 수는 없습니다. 억지로 지뢰를 철거하려고 하면, 함께 폭발해 큰 일이 일어날지도 모릅니다.

미우라 최근 일 년 동안 '자유로워지고 싶다'는 생각을 해 왔습니다. '자유롭지 않아지는 것'에의 두려움이 있었습니다.

두려움 때문에 인간관계가 제가 생각하는 자유에서 벗어나자 주변 사람과 다투는 일이 생기고, 사람들이 저에게 다가오지 않게 되었습니다. 저에게 대량의 지뢰가 있었다는 것이 하나의 원인이었다고 생각합니다.

자신의 지뢰를 철거하며 다른 사람의 지뢰를 철거하는 엔지오 설립을 도와 나가자, 신기하게도 예전보다 더 많은 사람에게 연락이 오거나 감사를 받는 일이 늘었습니다.

나와 타인의 지뢰 철거에 균형을 맞추자, 주변에 밝은 인간관계가 늘어난 것입니다.

자기 자신을 깨달아야 한다

미우라 '자타의 발고여락' 사고방식을 좀 더 살펴보고 여쭙고 싶습니다. 지뢰 이야기와 연결해 '자타의 발고여락' 사고방식에 대해 가르쳐 주실 수 있나요?

마츠모토 '자타의 발고여락'은 프라유키 나가테보 선생님이 자주 하시는 말씀인데, 불교의 근본을 간단하게 표현한 말이라고 생각합니다.

자신도 타인도 고통받지 않고 장래에 고통을 낳는 씨앗을 심지 않으며, 그런 습관을 익히고 유지하는 것이 불도의 시작입니다. 자신도 타인도 억지로 바꿀 수는 없습니다.

자기 자신을 깨달을 수 있어야 합니다. 지뢰가 있다는 것이 반드시 나쁜 일만은 아닙니다. 자신의 지뢰가 밟히고 상대방의 지뢰를 밟는 경험들이, 깨달음을 얻는 계기가 됩니다.

미우라 화엄경의 인드라망(因陀羅網, 부처가 세상 곳곳에 머물고 있음을 상징하는 말) 이미지를 떠올렸습니다. 최근 몇 년간 자주 접하게 된 마음챙김 등은, 자신의 지뢰를 철거하는 방식을 다루는 거라고 생각합니다. 다른 사람과의 관계 속에서의 지뢰 철거라기보다는, 개개인의 지뢰 철거 이야기라는 인상을 받았습니다.

하지만 마츠모토 씨가 하고 계신 청소 모임(Temple Morning)이라 든가 전환 이야기는, 흐름으로서의 자신과 타인의 관계 속에서 발 고여락이 일어나는 거라고 생각합니다.

개개인의 엔지오가 철거 작업을 하는 것을 전제로 타인에게도 공헌하는, 즉 두 가지 일이 균형을 이루는 뉘앙스입니다.

마츠모토 불교에서는 '연기(緣起)'라는 사고방식을 중시합니다. 요즘에는 '재수가 좋다'라든가 '재수가 없다'라는 식으로 많이 사용 되는데, 본래는 '모든 존재는 연에 의해 성립한다'라는 불교의 세계 관을 나타냅니다.

그 자체로 독립해 성립하는 건 없고 모든 것은 관계를 맺으며 성 립하며, 무언가가 변화하면 모든 것에 반영됨을 의미합니다. 우리 모두 그 관계 하에 성립하고 있다는 걸 나타냅니다.

'나는 단지 호박 하나라고 생각했는데, 올려다 보니 다른 호박과 덩굴로 연결되어 있었다'라는 예시가 있습니다. 나 혼자만의 일이 주변 사람들과 연결되어 있기 때문에, 가령 마음속에 있는 지뢰를 제거하기 위해 엔지오를 설립하는 건 분명 주변 사람들에게도 좋 은 영향을 미칩니다.

'엔지오, 나도 만들 수 있지 않을까'라든가 '엔지오의 철거 활동, 재밌어 보인다' 하고, 주변 사람들도 느낄 수 있는 계기를 만들고 친구를 만들어 가는 것이죠.

어떤 일이든 친구의 존재는 중요합니다. 석가모니 부처가 "좋은 친구가 있다는 건, 수행의 절반이 아니라 모든 것이다"라고 말했듯이, 서로 배우고 서로의 가치를 높이고 서로를 격려하는 친구를 두는 것은 중요한 일입니다.

불교에서도 '친구=상가(Sangha, 부처의 가르침을 믿고 불도를 실천하는 사람들의 집단)' 개념은 매우 중시되어 왔습니다. 후배는 앞에서 걷고 있는 선배를 보고 내게도 저런 관점이나 사고방식, 길을 걸어 나가는 힘이 있음을 깨닫는 게 중요한 배움이 됩니다.

또 선배는 뒤에서 따라오는 후배와의 교류를 통해 자신이 배운 것을 확인하거나 사람들에게 전달하는 힘을 키워 나갑니다. 결국 사람과 사람은 서로 관계를 맺고 있습니다.

볼품없는 파도가 아니라 바다의 일원

마츠모토 호박 이야기도 자주 예로 들지만 한 가지 더, 바다와 파도의 예가 있습니다.

내가 파도라고 칩시다. '저쪽에는 큰 파도, 훌륭한 파도, 아름다운 파도가 많이 있는데 왜 나는 볼품없는 파도인 걸까' 하고 생각했지만, 잘 보니 같은 바다의 일원임을 알게 됩니다.

'서로 연결되어 있는 이상, 본체는 바다였던 것인가' 하는 깨달음을 얻는다는 이야기입니다. 때마침 그 자리에 존재한 파도에 라벨을 붙여 비교했던 것뿐이죠.

자기 인식이 파도일 때에는, 좋다거나 나쁘다거나 하는 가치 판단이 강해지기 쉽습니다. 굳이 행복이라는 말을 사용한다면, 나의 행복에 조건을 달고 있는 셈입니다. '좋아하는 게 있으면 나는 행복하다.' '싫어하는 게 없으면 나는 행복하다.' 어느 쪽이든 행복을 얻는다는 조건에 의존하는 상태가 되는 것이죠.

언제나 행복 성립 조건이 갖춰지기를 바라고, 자신의 생각대로 하고 싶어 하는 법입니다. 하지만 헛된 일이지요.

깨달음을 얻었을 때 자타가 융화되어 갑니다. 파도로부터 바다로, 자와 타가 하나에 용해되어 갑니다. 좋아하는 걸 내려놓는 것도 아니고 좋아하지 않는 걸 부정하는 것도 아니며, 가치 판단을 유보하는 태도가 중요해집니다. 결국 할 일은 '발고여락'만 남습니다. 자신도 타인도 없기 때문입니다.

나는 본래 바다였다고 깨달은 순간부터, 그럼에도 나는 파도라는 생각이 떠오르는 법입니다. 내 안에서 끊임없이 떠오릅니다. 그리고 또다시 '아니야. 난 바다니까' 하고 깨닫습니다. 곧바로 또 파도라는 생각이 떠오릅니다. 영원히 반복됩니다.

하지만 계속 반복되더라도 '나는 본래 바다다'라는 깨달음이 주는 안심감은 굉장히 크다고 생각합니다. 나뿐만이 아닙니다. 본래 바다라는 생각은, 모두 똑같다는 깨달음을 낳습니다. '저쪽에서도 파도가 다가온다!' 하고 알게 됩니다.

석가모니 부처처럼 깨달음을 얻은 사람의 입장에서는 '발고여락'밖에 없을 것입니다. '나도 타인도, 더 이상 없다.' 부처가 깨달음을 얻고 난 후, 사십오 년간 한 일은 발고여락 하나뿐이지 않을까요?

그러나 우리는 부처가 아니기 때문에 변함없이 '자(自)'가 생깁니다. 하여, '자타의 발고여락'이라고밖에 말할 수 없습니다. 한순간 '이제 나는 바다다'라고 생각했다 하더라도, 파도가 사라지는 일은 없는 것입니다.

따라서 굳이 '자타의 발고여락'이라고 말하는 것입니다. 나는 파도라고 생각하고 있는 시점에 이미 타(他)의 파도와 구별하고 있기 때문에, 자와 타를 나누어 보고 있는 것입니다. 그리고 자와 타를 나누는 관점에서 잠시 벗어났다고 생각해도, 완전히 벗어날 수는 없는 것입니다.

미우라 계속해서 '나라는 의식'을 내려놓는 건 중요하지요. 라벨을 붙이고 있는 나뿐만 아니라 상대방을 받아들이면, 라벨도 신경 쓰지 않게 될 것입니다.

파도라는 자아가 나와도 오케이, 나오지 않아도 오케이. 경험이 쌓이면 라벨을 내걸지 않아도 괜찮다고 생각하지 않을까요?

사회적으로 라벨이 요구되는 일은 있지만, 자신을 표면적으로 설명하는 속성에 불과하다고 자각하고, 배후에 있는 지뢰를 철거해 나가고자 힘쓰는 게 중요하다는 걸 다시 한 번 깨달았습니다.

내려놓고, 다루고, 받아들이기

미우라　지뢰 철거 이야기는 지뢰라는 부정적인 것을 어떻게 철거해 나갈 것인가 하는 이야기로 들리는데, 오히려 활동할 때 지뢰가 연료원이 될 수도 있다고 생각했습니다.

저는 '후계자'라는 라벨의 배후에 있는 지뢰의 철거 활동을 시작했습니다. 작년에 아버지와 이야기를 나누며, 제가 '후계자'라는 정체성의 라벨에 집착하는 게 후계 문제를 복잡하게 만들고 있다고 생각했기 때문입니다.

차남이기 때문에, 후계자라는 정체성을 그다지 의식하지 않았습니다. 하지만 최근 1~2년 정도는 '후계자 후보로서의 나'를 의식하게 되었습니다.

계승 문제를 꺼려해 왔고 두려워해 왔습니다. 계속 피했습니다. 다른 사람에게 '절을 이어받을 것이냐'는 질문을 받아도 얼버무려 넘겼습니다.

이제는 두려움을 적극적으로 다뤄 나가려고 마음먹었습니다. 끝내 제가 계승할지 계승하지 않을지는 알 수 없습니다. 하지만 두려움을 내려놓으면, 어느 쪽이든 받아들일 수 있지 않을까 생각합니다. 절을 관리하는 업무는 제 버릇의 존재 방식과는 전혀 맞지 않을지도 모르지만, 제 버릇을 살려 새로운 운영 방식을 발견할 수 있을지도 모릅니다.

'자타의 발고여락'을 염두에 두고 움직이면, 제가 가진 지뢰가 오히려 해소하는 가능성을 열 수도 있을 것입니다. 계승 과정에서 갈등을 겪고 있는 사람이 굉장히 많으리라고 생각합니다.

'전통적'이라는 말이 붙는 분야에 속한 사람들도 마찬가지입니다. 그들과의 관계에서 전환이 일어난다면, 제가 가진 지뢰는 귀중한 자원이자 고마운 존재가 될 거라고 생각합니다.

두려움을 내려놓는 일은, 다른 사람이 두려움을 내려놓는 데 참고가 됩니다. 두려워해 온 것에 제약받지 않게 되면, 몸과 마음을 가볍게 움직여 나갈 수 있을 것입니다. 두려움은, 아직 보지 못한 미래의 가능성을 만드는 창작의 근원입니다.

소란한 마음을 다스리는 법

모든 건
연결되어 있다는 깨달음

'덕분이다'도 '탓이다'와 다를 바 없다

미우라 제가 진행하는 전환 세션에 오시는 분들 중에는, 걸핏하면 '탓이다'라고 생각하는 분들도 있는가 하면 '네 탓이다'라는 말을 듣고 용서하지 못한 채 고민하는 분들도 많습니다.

이번에는 '탓이다'라고 생각하는 것, 또 책임을 전가당하는 것에 대해 이야기해 보려 합니다.

마츠모토 인간은 이유를 찾으려고 하는 생물이지요. '탓이다'는 부정적인 이유를 표현하는 방식입니다만 '덕분이다'도 긍정적인 이유를 표현하는 방식이기에, 본질적으로 마찬가지입니다.

'이것은 누구의 짓인가', '누구의 공로인가' 따지는 것이죠. '모든 일은 연(綠)에 의해 일어나고 있구나' 하는 정도로 생각하면 좋지 않을까요? '덕분'이든 '탓'이든 결과는 '이것'뿐입니다.

미우라 '덕분이다'도 '탓이다'와 다를 바가 없다는 생각은 지금껏 해 본 적이 없습니다.

마츠모토 불교의 연기적 관점은 인생을 살아가며 마주하는 여러 상황에서 도움이 될 것입니다. 모든 건 나뉘어 있지도 독립해 있지도 않고 연결되어 있으며, 그것 자체로 독립해 존재하는 건 아무것도 없다는 것입니다. 앞서 언급했던 '파도와 바다'의 예와도 맥을 같이합니다.

모든 건 관계에 의해 임시로 성립하고 있는 것에 불과합니다. 따라서 '덕분'이라고 말하는 건 자신에게 좋은 것, 바람직한 것이라는 판단을 하고 있다는 뜻이지요.

가령 소풍 가는 날 날씨가 좋은 건 평소 나의 행실이 올바랐기 때문이라는 식이지요. 하지만 밭을 경작하는 입장에서는 비가 고마울지도 모릅니다.

좋고 나쁘고, 선하고 악하고, 좋고 싫고의 가치 판단이 반드시 존재한다고 생각합니다. 그러나 불교의 관점에서 말하자면, 지금 여기에 이렇게 결과가 존재할 뿐입니다. 지금 여기에 있는 이 결과를 두고, 다른 어디에도 현실은 없고 '이것'에 좋고 나쁨도 없는 것입니다.

할 수 있는 건, 지금 여기에 있는 결과를 받아들이고 다음에 어떤 행동을 할 건가를 생각하는 것뿐입니다. 다시 말해 '더 이상의 괴로움을 만들지 않는다', 즉 '자타의 발고여락'으로 이어질 수 있는 행동을 할 수 있는가 하는 것입니다.

좋은 행동을 좋은 습관으로서 익히다

미우라 '이 행동이 더 옳다', '이것은 옳지 않다' 같이 구별하는 일과도 연결되어 묶여 버리는 꼴이 되는 건 아닌가 의문이 들었습니다.

마츠모토 분명 불교 논리 혹은 불교라는 척도로 판단되는 것처럼 딱딱하게 느껴질지도 모릅니다. 그러나 다시 말하지만 불교의 근본 목적이 '자타의 발고여락'이라면, '자신도 타인도 더 이상 괴로워하지 않고 더 행복하게 살아갈 수 있는 일에 이바지할 것인가 말 것인가' 하는 질문에 좋은지 나쁜지를 판단해 나가면 되지 않을까요?

저는 좋은 행동을 좋은 습관으로서 몸에 익히는 것이 중요하다
고 생각합니다. 어떤 것이 좋은 습관인가 하면, 예를 들어 술·담배
등 의존성 있는 건 섭취하면 일시적으로 기분을 좋게 만들어 주는
듯하겠지만 기본적인 성질이 독이라는 건 분명한 사실입니다.
반복해서 섭취하면 의존이 심해져 건강을 해치게 되지요. 물리
적인 게 아니더라도, 습관적 사고방식도 마찬가지입니다. 생각대
로 되지 않는 일이 있을 때 타인이나 자신을 반복해 비난하면, 사
고 패턴이 습관으로 정착해 마음이 병들어 버릴 수도 있습니다.
좋은 습관을 몸에 익히는 일은, 의존이나 사고 정지와 다릅니다.
좋은 습관을 들이면, 분명 심신의 건강을 지켜 줄 것입니다.
나의 심신 건강뿐만이 아닙니다. 지구 환경 위기가 전에 없이 고
양되고 있습니다. 기후 변동이나 환경 오염 같은 자연환경뿐만 아
니라, 차별이나 폭력 등 인간을 둘러싼 모든 환경에 이릅니다.
이제는 유엔이나 각국 정부 등 공적 기관에 손 놓고 맡겨 버릴
수만은 없는 상황이 되었고, 기업이나 조직은 말할 것도 없고 시민
한 사람 한 사람이 일어나 주체적으로 행동해야 하는 국면에 접어
들었습니다.
2015년 유엔에서 채택된 SDGs는 빈곤·기아·불평등 등 열일곱
가지 제반 과제를 해결하기 위한 목표로, 전 세계에서 실현하기 위
한 움직임이 활발하게 이루어지고 있습니다.
SDGs란 Sustainable Development Goals(지속 가능한 발전 목표)의

소란한 마음을 다스리는 법

머리글자입니다. '누구 하나 등지지 않는다(No one will be left behind)'라는 이념은 불교와도 통합니다.

'자타의 발고여락'은 바꿔 말하면, 우리들 한 사람 한 사람이 자신도 타인도 지구도 지속 가능한 좋은 습관을 몸에 익히고 좋은 습관이 사회 전체로 퍼져 정착하는 것이기도 합니다.

우리 한 사람 한 사람이 좋은 습관을 들이는 건, 지구의 건강을 지키는 일로도 이어질 것입니다.

요즘 젊은이들 중에 사회 공헌 인식이 높은 사람이 많아 바람직하다고 생각하지만, 스스로를 지나치게 희생해 노력교나 인내교에 빠지거나 진이 빠져 증후군을 앓는 경우를 종종 볼 수 있습니다. '자타' 양쪽을 고려하는 건 매우 중요합니다.

모든 건 연쇄 속에서 생겼을 뿐이다

미우라 '탓이다'는, 연기 세계에서의 발고여락 시점에서 보면 수용 방식이 달라질 것 같습니다.

마츠모토 그렇습니다. 극단적인 예이지만, 부모가 아이를 학대해 죽음에 이르게 한 사건 등을 접할 때 우리는 분개합니다. 유족의 마음을 헤아리고 사회 규범에 비춰 보면, 도저히 용서받을 일이 되지 못합니다. 그러나 정말로 순수하게 '범인 탓이다'라고 말할수 있는가 하면, 반드시 그렇다고 단정할 수도 없지 않을까요?

범인이 태어나 자란 가정 환경이 영향을 미쳤다면, 그의 부모 탓이라고 말할 수 있을지도 모릅니다. 나아가 빈곤하고 황폐한 현재의 생활 환경이 영향을 미쳤을지도 모릅니다. 그의 인격이 만들어지기까지, 온갖 요인이 영향을 미쳤을 것입니다.

무엇이 됐건, 그것이 유일한 원인이라고는 말할 수 없을 것입니다. 모든 건 딱 잘라 구분할 수 없고 과거와 닿아 있으며, '연에 의해 일어나는 것'이 연쇄한 결과로 지금이 있습니다.

'탓이다'라고 할 때, 간단하게 원인을 무언가나 누군가에게 돌릴수 없음에도 억지로 정리하려고 한다는 걸 깨닫게 됩니다. 신란 성인의 법어를 수록한 《탄이초(歎異抄)》에 이런 문장이 있습니다.

"나의 마음이 선해서가 아니다. 해치고 싶지 않은데도 백 명, 천명을 죽이게 될 수도 있는 것이다."

나의 마음이 선해 사람을 죽이지 않는 게 아니라는 말입니다. 연이 없기 때문에 죽이지 않을 뿐이고, 연만 닿으면 백 명이든 천 명이든 죽일 수도 있다는 것이죠. 다시 말해, 사람은 연에 의해 행동을 저질러 버리는 존재라는 의미입니다.

인간은 확실하게 하고 싶어 하는 생물입니다. 모르는 것이나 이해할 수 없는 것을 두려워한 나머지, 모든 걸 단순화해 이유를 만들어 내고 알게 된 것, 이해한 것으로 정리하고 싶어 하죠.

미우라 저는 세션을 진행할 때, '탓이다'라고 생각할 때 어떤 것에서 원인을 찾으려는지 관찰하는 시간을 갖습니다. 사람에 따라 무엇을 원인이라고 생각하는가가 각양각색이기 때문입니다.

자기 탓이라고 쉽게 여기는 사람이 있는가 하면, 다른 사람을 탓하는 사람도 있습니다. 나아가 '어떤 환경에 놓였을 때 그렇게 되기 쉬운가' 하는 주변의 환경 패턴에도 경향이 있습니다.

패턴을 파악해 나감과 동시에 패턴을 형성하는 건 자아의 활동이고, 모든 것은 매일 무언가가 그저 일어나는 연쇄 속에서 생긴 것뿐이라는 점을 깨달으면 탓하는 일이 점차 줄어들게 됩니다.

나아가 '탓이다'라는 발언이 나오는 근저에 의식 속에서는 말로 다 표현할 수 없는 마음의 욕구가 억압당하고 있는 경우가 많기 때문에, 자각할 수 있도록 돕고 있습니다.

마츠모토 무의식적으로 하고 있는 행동을 하나하나 깨달아 가는 것이 중요합니다. 사고하는 버릇의 스위치가 켜졌음을 아는 것이 첫걸음입니다. 스위치가 켜진 자신을 발견하는 게 중요하지, 스위치가 켜졌는지 켜지지 않는지는 중요하지 않습니다.

자신을 받아들이면 점차 편안해집니다. 일일이 누군가의 탓으로 돌리지 않아도, 일어나고 있다고 받아들일 수 있습니다.

미우라 이야기를 나누면서 느낀 게 한 가지 더 있는데요. 인간에게는, '탓이다'라고 할 때 책임의 대상을 찾지 못하면 괴로워하는 버릇이 있다는 생각이 들었습니다.

자신 안의 근원적인 욕구가 충족되지 못했을 때, 내면의 현상에 주목하는 게 아니라 외부에서 원인을 찾는 버릇이 있는 사람이 매우 많다고 생각합니다.

스스로를 비난하거나 가까운 타인을 비난하거나 사회라는 축사고적인 것을 비난하는 등 각양각색입니다. 애초에 비난하는 패턴에 집착하고 있음을 깨닫지 못해선 안 됩니다.

이 문제에서 '탓이다'라고 할 때, 비난의 화살이 자신을 향하는 일도 있을 것입니다.

예를 들어 어느 기업의 사장은 책임의 대상이 되는 데 괴로움을 느껴 자신의 잘못에 관하여 직원들에게 말합니다. 진심으로 자신의 탓이라고 생각하지는 않았던 것 같지만, 사회적인 입장에서 말할 수밖에 없었다는 것입니다.

이야기를 더 들어 보니, '네 탓이다'라고 생각하는 사원 때문에 모든 일이 잘 풀리지 않는다는 사고 회로가 형성되어 사장도 사원과 똑같은 패턴에 휘둘리고 있었습니다.

자각하고 나자 사원들에게 그런 말을 듣는 일도 서서히 줄어들었다고 합니다. 자신도 모르는 사이에 같은 패턴을 반복하고 있다는 게 자명해지고, 나아가 버릇을 낳는 상태를 부감(付勘)할 수 있게 되었다고 합니다.

즉, 스스로의 행동이 미치는 곳에서 사원들의 비난을 사는 말과 행동을 발견하고 그만두었다는 이야기였습니다.

곧바로 상황이 개선되는 건 아니지만, '탓이다'에 관련된 고민에서 벗어나는 건 가능합니다. 끈기가 필요한 변용 과정이지만, 과정도 즐길 수 있다면 좋을 것입니다.

비교해도 좋고,
비교하지 않아도 좋다

비교하는 것엔 아무런 의미가 없다

미우라 얼마 전, '법인을 설립했습니다' 혹은 '이런 활동을 하고 있습니다' 등 흥미로운 활동을 하고 있는 사람들을 에스엔에스 상에서 보면 힘이 빠지는 패턴을 가진 분을 상담했습니다.

상담 자체는 가업 승계에 대한 이야기였지만, 그분이 느끼는 괴로움의 가장 큰 원인은 비교 구조 때문인 것 같았습니다. 타인과 자신을 자꾸 비교하게 된다는 고민은, 자주 듣는 화제입니다.

청년들 중에는 '독창적인 존재'가 되어야 한다는 생각이 강한 사람이 많은 듯합니다.

질투하거나 초조해하거나 흠을 들춰 내서 부정하거나, 부정하는 이유를 자신 안에서 찾으려 합니다. 모두가 그런 가치관을 가지고 서로를 바라보고 있기 때문에, 위화감을 느끼지 못한 채 독창적인 존재가 되려고 해서 진이 빠져 버립니다.

아무것도 하지 않아도 '나'는 독창적인 존재일 수밖에 없다고 생각하면서도, 현재의 사회 규범 안에서는 받아들이기 힘들다고 느끼는 사람이 많을 것입니다.

무엇보다 어떤 패턴을 가지고 있는지 자각하는 것부터 시작하는 게 중요하다고 생각합니다.

마츠모토 그렇습니다. 비교하는 버릇이 있는 사람이 많지요.

앞서 언급했던 파도와 바다의 예를 다시 떠올려 볼까요. 저쪽의 큰 파도나 이쪽의 작은 파도와 자신을 비교하고, 이겼다거나 졌다며 소동을 부립니다.

그러나 파도의 본체는 바다입니다. 같은 바닷물로 연결되어 있지요. 비교하는 것에 아무런 의미가 없음을 깨달으면, 세계를 바라보는 시각이 꽤 달라집니다.

그럼에도 늘 바다라는 자각을 유지할 순 없기 때문에, '과연 정말 그럴까' 하고 생각한 순간 금세 허기를 느끼거나 '저 녀석은 싫다'거나 '내가 훨씬 뛰어나다'고 생각하게 됩니다.

그러나 '파도인가 바다인가' 하는 양자택일의 문제가 아니라, '파도는 파도인 동시에 '바다'라는 감각을 가지고 있는 것만으로도 매일의 생활은 조금씩 달라지리라 생각합니다.

파도에 대한 집착을 버리지는 못하더라도 본래는 바다라는 것을 의식하고 아는 것, 그것만으로도 큰 차이가 생깁니다. 저 사람이 싫다거나 이 사람이 좋다거나 파도는 그때그때 다양한 방식으로 출렁이기 때문에, 마음 깊은 곳에서 '원래는 바다니까 별 일 아니야' 하며 한 발 물러나 대수롭지 않게 여길 수 있는 눈을 가지면 영향을 받는 방식이 달라집니다.

마음의 버릇 때문에 영향에서 완전히 자유로울 순 없겠지만, 분명 점점 평온해질 것입니다.

저도 옛날에는, 지금보다 더 제 자신에게 집착했습니다. 우월감과 열등감, 승리와 패배, '나와 저 녀석은 다르다'는 생각, 다른 사람들 눈에 내가 어떤 식으로 비춰질 것인가 하는 고민들, 머릿속에 온통 이런 생각뿐이었습니다. 파도로서의 저만 존재했기 때문에, 바다라는 걸 깨닫지 못하는 것입니다.

그러나 불교와 친해지면서, 어느 순간 '아, 역시 바다구나'라는 깨달음을 얻게 되었습니다. 그러자 파도에 일일이 반응하지 않게 되더군요.

아예 반응하지 않을 수는 없고 아예 반응하지 않을 생각도 없지만, 솟아오르는 파도는 파도로 받아들이면 흘러가기 마련입니다. 집착하지 않는 것이 요령이라고 생각합니다.

연기 세계의 출현으로 각각 존재한다고 생각할 뿐이고, 비교해서 우열을 가리는 건 의미가 없습니다.

'비교하는 나'를 받아들여라

마츠모토 대학 입시를 위해 공부하던 고등학교 일학년 때를 떠올려 볼까요? 기출문제집이라는 것이 있지요, 기출문제집에는 답이 실려 있습니다.

답을 보아 문제를 풀었다고 해서 알게 되었냐고 하면, 그렇지 않습니다. 스스로 풀지 않았기 때문입니다. 수학 문제의 답을 알았다고 해도, 문제를 스스로 풀 수 있게 되지 못하면 진정으로 알게 되었다고 말할 수 없을 것입니다.

마찬가지로 불교 안에는 답이 주어져 있기 때문에, '그렇구나' 하고 생각하면서도 정말로 이해하고 있는가 하면 그렇지 않았습니다. 하지만 인생을 살아가며 이것저것 생각대로 되지 않는 일이 많이 일어나죠.

생각대로 되지 않는 일이란 다시 말해 고통입니다. 고통에 맞서 나가는 과정에서 점점 답을 이해하게 되지 않을까요? 인생에서 겪는 다양한 경험으로 연습 문제를 계속 풀어나가는 것이라고도 할 수 있을 것입니다.

이해가 되는 곳까지 갈 때 불교의 가르침이 있고, 또 다음으로 들어가기 위한 문이 준비되어 있다고 느끼고 있습니다. 문은 들어갈 수는 있어도, 마지막으로 다다른 곳을 제대로 이해하는지까지는 알 수 없는 구석이 있습니다. 하지만 문은 늘 열려 있다는 느낌이 듭니다.

불교의 지혜는 다른 사람과 비교하는 습관에서 벗어나기 위한 정수를 제시하고 있는데, 이해해서 아는 건 서서히 때로는 빠르게 진행되는 것인지도 모릅니다.

미우라 내면 세계 변화는 그런 특성을 가진다고 생각합니다. 머리로는 알고 있지만 그만둘 수 없는 때가 있지요. 지식이나 사고만으로는 아무것도 되지 않을 수 있습니다. 전환이 일어날 때, 어떤 때에는 천천히 나아가고 어떤 때에는 급격하게 나아가죠.

전환을 계획적으로 진행해 나가겠다는 의도가 있어도, 반드시 의도대로 진행되지 않을 수 있습니다. 리듬은 자연환경이 바뀌는 모습과 별반 다를 바가 없는 것처럼 보입니다.

비교에 대해 말하자면, 비교하는 자신을 깨닫는 것부터 시작해 버릇으로 반복되는 과정을 거치며 비교하는 습관에서 조금씩 벗어나는 전환을 체험하게 됩니다.

버릇이 고개를 들었을 때 '버릇이 또 나오기 시작하니까 당장 그만둬야 해!' 하고 마음먹으면 오히려 사이클에서 벗어날 수 없기 때문에, 버릇을 다룰 때는 요령이 필요하다고 생각합니다.

마츠모토 비교해도 좋고, 비교하지 않아도 좋습니다. '어떤 누구와도 비교하지 않는 나'와 같이 이상화하면, '비교하는 나'를 발견했을 때 낙담하게 되지요.

이상화하지 말고 받아들이세요. 비교해도 좋고, 비교하지 않아도 좋습니다. 그렇게 받아들여 나가면, 비교하는 행동 때문에 소모되지 않게 될 것입니다.

미우라 뭐든 괜찮다고 해도, 어떻게 하면 다른 사람과 비교하는 저를 받아들일 수 있을까요?

마츠모토 '자신의 기준'에 주목해 보면 어떨까요?

사람은 누구나 부러워하거나 미워하거나 질투합니다. 모르는 사람과 마주쳤을 때 미워하는 마음까지 들진 않더라도, '나보다 훨씬 멋지다'고 생각하거나 '스타일이 좋아서 부럽다', '기분이 나쁘다' 같은 생각을 하기 마련입니다.

자신이 만들어 낸 기준을, 다른 사람들에게 갖다 대 보고 자신에게도 갖다 대며 이겼다거나 졌다고 하는 셈입니다. 부러워하거나 미워하는 마음이 드는 것 역시, 혼자 하는 씨름이 아닐까요?

다른 사람과 비교할 때 자신이 가지고 있는 기준 때문에 괴로워지는 것이죠. 그 구조를 이해하는 것부터 시작해야 합니다.

미우라 자신과 세계의 관계를 의식하는 것은, 타인과 자신을 비교함으로써 진이 빠져 버리는 자신을 받아들이고 내려놓을 때 매우 중요한 관점으로 작용합니다.

비교증후군을 내려놓기 위해서는, 주변 사람이나 환경을 향하는 의식이 다름 아닌 자신이 만들었다는 점을 이해하고 비교하든 비교하지 않든 받아들여 나가야 한다는 것이죠?

과거, 미래의 나와 비교하는 경우

미우라 지금까지 다른 사람과 나를 비교하는 것을 이야기했는데, 과거의 나 혹은 미래의 나와 지금의 나를 비교하는 경우도 있는 것 같습니다.

'행복한 가정을 이루는 이상적인 나', '일에서 성과를 내는 이상적인 나', '좋은 평가를 받았던 나' 등과 비교하는 것이죠. 이런 비교도 자주 하게 되는 것 같습니다.

마츠모토 그렇습니다. 흔히 자신과 타인을 비교하는 것보다 지금의 나와 과거의 나를 비교하는 편이 건전하다고 생각합니다. 하지만 과거의 나로 돌아갈 수 없고, 과거를 바꿀 수도 없습니다.

'지금 여기'에 있는 나만이 존재하고 '지금 여기'에 있는 나만이 시작할 수 있음을 아는 것이 중요하다고 생각합니다. '나'라는 존재는 어디까지나 '지금 여기'에만 존재합니다.

예를 들어, 여기에 미래가 보이는 창문이 있다고 합시다. 창문을 통해 건너편 풍경의 백 년 후 세계를 볼 수 있습니다. 그 세계는 타임 슬립(time slip)되어 있습니다. 지금이 2020년이니, 창밖으로 보이는 세계는 2120년입니다.

하지만, 내가 창밖을 보든 보지 않든 나는 지금 여기에만 존재하지요. 나에게는 아무런 변화가 없습니다. 창밖을 보고 있는 나에게, 시간은 전혀 영향을 미치지 않는 것입니다.

우리는 편의상 과거, 현재, 미래를 구분하고 미래를 향해 시간의 선상을 이동하고 있는 듯한 기분이 들지만, 나는 '지금 여기'의 시점에만 존재하고 이외의 장소에 존재한 적은 없는 것입니다.

때때로 머릿속에서 미래의 상상이나 과거의 기억을 상영하지만, 그 '상영' 역시 지금 여기에서만 일어나고 있습니다.

불교에서는 '제행무상, 제법무아'라고 하는데, 나는 계속 변하고 '나'라는 존재의 변하지 않는 핵과 같은 게 있는 것도 아닙니다. 과거, 현재, 미래와 변함없이 계속 존재하는 것은 아무것도 없는 것입니다.

티베트인 승려 이야기를 떠올려 봅니다. 병사 학살 소식을 접하고 승려가 눈물을 흘렸습니다. 학살당한 사람들은 물론, 학살을 저지른 병사 때문에 슬퍼서 눈물을 흘렸다고 합니다.

'가혹한 업보가 늘어 버렸으니 얼마나 불쌍한가' 하며 말이죠. 업보가 지금까지의 인생에 영향을 미쳐 온 마음의 버릇이라고 한다면, 그 병사는 너무나 무거운 업보를 축적해 버렸다는 것입니다.

자신이 저지른 일이 뇌 속에서 플래시백 영상으로 나타나, 마음에 엄청나게 무거운 그림자를 늘어뜨리게 될 것입니다. 언제나 마음이 쓰이고, 가끔씩 무관한 상황에서도 마음에 각인되어 버린 영상이 먼지처럼 난입할 것입니다.

수험생이라면 원하던 학교에 합격해 헹가래를 하는 자신의 영상을 보고 있을지도 모릅니다. 상황은 변하는데 무언가에 계속 들러붙어 있는 셈이니까, 갈기갈기 찢기게 됩니다.

친구에게 배신당해 충격을 받은 사람이, 충격이 너무 큰 나머지 그때를 계속 떠올리고 질질 끌면서 새로운 친구와 관계를 맺지 못하는 것도 같은 셈이죠.

미우라 과거의 영상은 전환을 방해하는 요소가 될 수 있습니다. 특히 좋은 이미지를 가지고 있는 것이 자신의 내면의 변화를 방해한다는 관점에서는, 주목하지 못하는 경우가 많습니다.

과거와 미래라는 허구에 휘둘리지 말라

마츠모토 '라면'이라든가 '한다면'과 같은 가정이 전부 거짓이라고 한다면 조금 지나칠 수도 있겠습니다. 하지만 불교에서 보면 '라면'과 '한다면'은 모두 다 조건입니다.

'얻을 수 있다면 행복해질 텐데' 같은 생각은, 모두 가정으로 망상이기 때문에 들을 필요도 없습니다.

장래에 대한 불안이나 과거에 대한 후회 같은 '망상에 빠져 하는 사고'를 무조건 부정하는 건 아니지만, 어디까지나 가능성의 이야기입니다.

현실은 늘 '지금 여기'에만 있지요. 반성의 과정으로 다음의 행동으로 이어지면 좋겠지만, 후회하고 있는 과거의 영상이 플래시백할 뿐이라면 괴로운 사건을 쓸데없이 뇌 속에서 반복 재생해 추가 데미지를 받고 있는 것입니다.

하지만 많은 사람이 겪고 있습니다. 과거를 돌이켜보며 '이렇게 하면 좋았을 텐데'라든가 '이렇게 했다면 어땠을까' 하며 '라면', '한다면' 하고 가정합니다.

알고는 있지만 멈출 수 없습니다. 모두 어깨 힘을 조금만 빼고 살아갈 수 있으면 좋을 텐데 말이죠.

미우라 전환이 진행되는 동안에는 시간 감각도 달라집니다. 마츠모토 씨가 말한 '지금 여기'에만 있다는 시점의 시간 감각을 수용하는 건, '과거-현재-미래'의 시간 감각을 버리는 것이 아닙니다.

오히려 그것들은 마츠모토 씨가 창문의 비유를 통해 말했듯, 지금 이 순간에 과거도 미래도 포함되어 있다는 두 가지 시간 감각의 통합이 일어나는 것이 아닐까 생각합니다.

현대 사회를 살아가는 많은 사람의 머릿속에는, '과거-현재-미래'의 시간 감각이 박혀 있지요. 비즈니스 세계에서는 특히 미래를 설계해 그것을 위해 지금 행동한다는 사고가 뿌리 깊게 박혀 있습니다.

《사피엔스》를 쓴 유발 하라리는 호모 사피엔스라는 인종은 허구를 믿고 공유할 수 있는 능력을 통해 사회를 번영시켜 왔다고 지적하는데, 인류가 진화하는 과정에서 체득한 능력입니다.

시간을 관리하고 '과거-현재-미래'라는 시간 축의 신앙에서 깨어나는 사람들이 늘고 있는 과도기를 살아가며, 우리는 '허구를 믿을 수 있다'는 사실을 자각해 다루어야 한다고 생각합니다.

수평적 전환에서는 허구가 중요한 열쇠입니다. '나는 누구인가'라는 의미를 이해함으로써 새로운 허구를 그리고, 새롭게 내거는, 누군가를 향해 나아가는 전환입니다.

한편 수직적 전환은 '우리는 누구인가', '우리는 누가 될 수 있는가' 하는 것도 허구에 불과하다는 걸 깨닫는 행위입니다. 수평적 전환과 수직적 전환에 대해서는, 다음 장에서 설명하겠습니다.

과거와 미래는 머릿속에서 만들어 내는 허구에 불과하지만, 또렷한 허구입니다. 그것들에 휘둘리지 않고 살려 살아갈 방법을 배워야 할 것입니다.

5부

자타의 균형만큼
중요한 것은 없다

- 인생을 사는 단 하나의 원칙

굴곡 많은 세상에
유연하게 올라타기

체인지(change)는 외형적인 것으로 환경의 변화 혹은 인생에 생활 사건이 일어나는 외면적 변화를 가리키고, 트랜지션(transition)은 체인지(change)에 의해 종종 외면되는 내면적 변화를 가리킵니다.

이 책은 앞서 살펴보았듯 켄 윌버가 지적하는 종교의 수평 기능이 아니라 수직 기능이 가져다주는, 우리가 세계를 수용하는 방식의 변화에 '수직적 전환'이라는 이름을 붙여 탐구합니다.

수직적 전환을 이야기할 때, 종교를 믿는 것이나 종교적 이야기를 믿는 걸 권하는 게 아닙니다.

세상이 복잡해지고 있다

윗세대에서는 교육, 취직, 퇴직 후의 세 단계를 거쳐 살아가는 것이 통설이었습니다. 하지만 현재는 이직이 과거에 비해 마이너스 요소로 작용하지 않기 때문에 근로 형태도 바뀌었습니다.

이동 비용 감소, 채팅 툴(chatting tool)이나 온라인 통화 기술 발달 등이 뒷받침하고 있습니다.

종신 고용이 당연했던 윗세대와 아랫세대의 사고방식 차이는 분명합니다. 젊은 세대가 체험하는 세계는 지금까지의 사회 규범이 통용되기 어려운 사회인지도 모릅니다. 《통과의례》를 쓴 아놀드 반 제넵(Arnold van Gennep)은 사회에 대해 이렇게 적었습니다.

어떤 사회든 개개인의 인생에는 순차적으로 연령의 사다리를 거쳐 가는 것과 어떤 일로부터 다른 일로의 이행이 존재한다. 연령이나 직업에 의한 분리가 존재하는 곳에서는 집단에서 집단으로의 이행에 특수한 행위, 이를테면 사회에서 장인 견습 봉직 같은 것이 따라오기 마련이다.

어떤 집단에서 다른 집단으로, 또 어떤 상태에서 다음 상태로, 이동해 가야만 하는 이유는 '살다'라는 사실에 기인한다. 즉 개인의 일생은 탄생, 사회적 성숙, 결혼, 부모가 되는 것 혹은 계급의 상승, 직업상의 전문화 및 죽음과 같은, 끝이 곧 시작이 되는 일련의 사다리로 이루어져 있는 것이다.

《통과의례》(2012)

우리가 살아가는 시대에서는 이런 전제가 흔들리고 있는 게 아닐까요? 비혼을 선택하는 사람도 늘고, 당연하게 생각했던 남녀 성차의 경계도 흔들리고 있습니다.

공통 개념이라고 생각했던 것도 개개인이 어떻게 의미를 붙이느냐에 따라 달라지기 때문에, 모두 함께 공유하고 있다고 생각해 온 환상인지도 모릅니다.

반 제넵의 사회에 대한 지적을 통해 배울 수 있는 것은, '끝을 만들어 나가는 것'의 중요성입니다. 전환의 개념을 내건 《전환: 인생의 전환기를 살리기 위해서》에서도, 끝에서부터 시작하는 것은 수차례 강조됩니다.

우리는 새로운 것을 손에 넣기 전에 오래된 것에서 벗어나야한다. 외적인 것이든 내적인 것이든 마찬가지이다.

우리는 사람들이나 다양한 장소에 대해 자신이 누구인가를 정의하는 연결고리를 형성하고 있다.

새로운 곳에 살고 있음에도 불구하고, 머릿속은 자질구레한 오래된 기억으로 가득한 것이다.

《전환: 인생의 전환기를 살리기 위해서》(2014)

너무나 다양화된 세계에서는 기존의 시스템이나 사건이 파탄되어 갑니다. 기존의 이야기에 만족할 수 없게 된 사람은 스타트업이나 벤처, 예술, 과학 등과 같은 신흥 이야기에 의식을 기울이는 경우도 있습니다.

한편, 이야기를 신앙하는 것 자체에서 벗어나는 사람도 늘어갈 것입니다. 믿으면 문제없다는 생각은, 희망이 되는 한편 파탄날 가능성이 있는 허구라는 측면도 가지고 있습니다.

'마음 가는 대로 행동한다'의 의미

신이 절대적인 존재라고 생각하는 사람이 줄고 있습니다.

세계적인 베스트셀러《사피엔스》의 저자이기도 한 역사가 유발 하라리는,《호모 데우스: 미래의 역사》에서 '인본주의'라는 말로 설명합니다. 이 세계관을 통해 인류가 '마음 가는 대로 행동한다'는 슬로건을 중요시하고 있음을 서술합니다.

수백 년 동안 인본주의는 우리가 의미의 최종 원천이고, 인간의 자유의지가 최고 권위라고 설파해 왔다. 외적인 것이 뭐가 뭔지 알려줄 때까지 기다리는 대신, 자신의 감정과 욕망에 의지하면 된다.

소란한 마음을 다스리는 법

우리는 어렸을 때부터 인본주의 슬로건의 포화를 맞는다. "자신의 목소리에 귀를 기울여라. 자신에게 충실하고 자신을 믿어라. 마음 가는 대로 행동해라. 자신의 마음이 편할 수 있는 것을 하라"고 권한다.

《호모 데우스: 미래의 역사》(2017)

현대는 '우리가 어떻게 느끼고 무엇을 생각하는가'를 중시하는 것이 바람직하다는 규범을 믿는 사람이 많은 세계라고 할 수 있습니다. 한편 유발 하라리는 인본주의를 비판하면서, 자기(自己)라는 신앙도 상상의 이야기에 불과하다는 점을 지적했습니다.

중세에는 인생의 의미라는 것이 외부 세계, 예를 들어 종교에 의해 규정되는 것이었지만, 현대에서 주류는 자신들 나름으로 의미를 붙이는 것입니다. 수백 년에 걸친 인본주의, 자유의지가 있다는 신앙에 의해 성립하고 있습니다.

진정한 '나'는 존재하지 않는다

'나'라는 존재는, 태어나서 지금에 이르기까지 많은 경험을 하며 이어지는 거라고 느낄지 모릅니다. 그러나 실제로 '나'를 가리키는 건, 경험한 현상의 모든 흐름이 아니라 부분적인 에피소드를 이어

붙여 성립하는 이야기에 불과합니다.

의미를 붙일 수도 없는 혼란한 세계에 직면해 의미를 붙일 수 있었던 극히 일부의 패턴을 이야기로 엮어 내는 것이죠.

경험해 온 이야기는 기억이라고 바꿔 말해도 좋을 것입니다. 기억은 지금 이 순간에 구축되어 생깁니다. 생물학자 후쿠오카 신이치(福岡 伸一)는 말합니다.

기억이란 무엇일까? 세포의 내부는 끊임없는 유전에 노출되어 있는 셈이니까, 그곳에 기억을 물질적으로 저장해 두기란 불가능하다. 그렇다면 기억은 어디에 있는 것일까?

아마 세포 바깥에 있을 것이다. 정확히 말하자면 세포와 세포 사이에 말이다. 신경 세포(뉴런)는 시냅스라는 연계를 만들어 서로 결합한다. 그리고 결합을 통해 신경회로를 만든다.

신경회로는 경험, 조건 부여, 학습, 다양한 자극과 응답의 결과로 형성된다. (중략) 일시적으로 회로 어딘가에 자극이 입력된다. 익숙한 냄새일지도 모른다, 혹은 멜로디일지도 모른다. 작은 유리 파편 같은 것일지도 모른다.

자극은 회로를 활동 전위의 파도가 되어 전해지고 신경 세포에 순서대로 불을 켠다. 줄곧 잊고 잊었음에도 회로의 형태는 과거에 만들어진 것과 똑같은 성좌가 되어, 어두컴컴한 뇌 속에 창백한 빛을 아주 짧은 시간 동안 발한다.

설령 각각의 신경 세포 내부의 단백질 분자가 합성과 분해를 거쳐 완전히 바뀐다 해도, 세포와 세포가 만드는 회로의 형태는 유지된다.

《동적 평형: 읽고 나면 세상이 달라져 보이는 매혹의 책》(2010)

경험의 주요 구성 요소라고 생각되는 기억도 신경 세포 사이에서 형성된 회로에 불과하고, 세포 하나하나는 늘 재생되고 있는 것입니다. 세포들에 의해 만들어진 '나'라는 존재도 바뀌어 가는 것에 불과하고, 확고하게 고정화할 수 있는 것이 아닙니다.

유발 하라리가 지적하는 인본주의 이야기의 근거는, 확고한 인간이 존재한다는 것에 있습니다. 계속 바뀌는 현상으로서의 흐름만이 존재하는 시점에 서면, '진정한 나'는 존재하지 않게 됩니다.

인간과 자연의 조화를 모색하다

수직적 전환 실천은, 우리 한 사람 한 사람이 지속 가능한 형태로 살아가는 행위의 실천이기도 합니다. 디자인 분야에서 명성이 높은 미국 카네기멜론 대학교에서는, 카메론 톤킨와이즈(Cameron Tonkinwise)가 '전환 디자인'이라는 연구 분야를 제창하고 있습니다.

전환 디자인은, 사람이나 사회가 자연과 조화를 이루는 방향을 향해 지속 가능한 세계로의 이행을 디자인이 촉진한다는 틀을 내걸고 있습니다. 전환 디자인은 디자인으로 이행을 촉진시켜 나가기 위한 연구·실천 영역입니다.

전환 디자인에서는, 과도기에 인간의 새로운 존재 방법이 필요하다고 주장합니다. 환경학자이자 물리학자 프리초프 카프라(Fritjof Capra)에 따르면, 21세기 우리들이 직면하는 무수의 문제는 상호적으로 관련·관계되어 있고 단일한 인간의 세계 인식 방식에까지 거슬러 올라간다고 합니다.

그는 세계를 인식하는 방식이 복잡한 시스템을 이해하기에는 불충분한 기계론적·환원주의적 세계관이라고 정의합니다. 나아가 포괄적이고 생태학적인 세계관으로의 이행은 지속 가능한 미래로의 이행에 있어 가장 강력한 방법 중 하나라는 것입니다.

근대 사회의 특징은, 사람이나 자연스러운 다양한 요소를 관리·제어함으로써 가치를 생산하는 것이었습니다.

한편 전환 디자인은 인간이 자연과 조화를 이루어 나가는 사회, 세계의 구축을 지향합니다.

예를 들어 사람이 자연과 조화를 이루어 나가는 세계에서는 회사 안에서의 고정된 역할 속에서 살아가는 것이 아니라, 자연환경과 같이 끊임없이 변화하는 자신에 맞춰 관리 방식이 바뀌는 유연한 시스템이 만들어지는 건지도 모릅니다.

또 다른 예로 변화하는 자신에게 맞춰 가족 내에서 관계를 맺는 방식도 변화하고, 가정과 일의 균형이 보다 유연하게 조화를 이루어 나가는 방식이 만들어지는 건지도 모릅니다.

현대는 우리를 고통받게 하는 이행기인 한편, 우리의 능력을 발휘할 수 있는 형태를 모색해 나가는 실험기이기도 합니다.

영향을 주고받는
흐름 속에서 살아가고 있다

    현대를 건강하게 살아가기 위해서는, 한 사람 한 사람이 지속 가능한 라이프 스타일을 지향해 나감으로써 지속 가능한 사회를 형성해 가는 것이 중요합니다.

    이때 행복은 하나의 열쇠로, '불안한 두려움'을 받아들이고 점차 내려놓음으로써 발견되는 것이라고 생각합니다.

    매일 의식적으로 혹은 무의식적으로, '어떤 조건에 이르면 행복해질 것인가'를 생각하며 시행과 착오를 반복하고 있지 않나요?

    앞서 이야기했듯 유발 하라리가 지적한 인본주의 세계관은 행복은 외적 조건에서가 아니라 자기 자신 안에서 찾을 수 있다는 입장을 취하는데, 불교의 행복 접근 방식은 다릅니다.

유발 하라리는 《사피엔스》에서 행복에 대해 이렇게 적고 있습니다.

행복이 외부 조건과는 무관하다는 점에 대해, 부처도 현대의 생물학이나 뉴에이지 운동과 의견을 같이했다. 하지만 부처의 통찰에서 더 중요하고 훨씬 심원한 것은, 진정한 행복이란 우리 내면의 감정과도 무관하다는 것이다.

자신의 감정에 무게를 두면 둘수록, 감정을 한층 더 갈구하게 되고 고통도 늘어난다. 부처의 가르침은, 외부의 성과를 추구하는 것뿐만 아니라 내적 감정을 추구하는 것도 그만두는 것이었다.

《사피엔스》(2016)

불교에서는 행복을 느끼기 위해, 생화학적 화학 반응을 조작해 쾌락을 얻는 접근방식이 아니라 욕구를 내려놓는 접근 방식을 취합니다.

인간으로서 욕구를 느끼는 건 당연한 일이지만, 욕구를 적절하게 다루며 두려움 없는 행복한 세계를 살 수 있게 되는 것입니다.

'나'는 변화하는 흐름 속에 존재한다

　수직적 전환이 일어나기 위한 마음챙김으로 넘어가고자 합니다. 과거 수많은 철학자와 과학자가 '나'라는 존재는 무엇인가에 대해 이야기해 왔는데, 정답 혹은 정답이 아니라는 구분에서 받아들일 수 있는 것이 아니라 모든 것은 가정에 불과하다는 전제 하에 성립합니다.

　'나'라는 존재가 확고하다는 것은, 현대를 살아가는 우리들의 가정에 불과합니다. 게이오기주쿠 대학교 대학원 시스템 디자인 매니지먼트 연구과 교수이자 행복학을 연구하는 마에노 타카시(前野隆司) 씨는 지적합니다.

　　한 사람의 인간이나 하나의 사과라는 개념이 절대적이라고 생각할지 모르지만, 한 사람 혹은 하나라는 개념도 절대적이지 않다.

　　인간이나 사과의 물리적 경계는 어디인가라고 엄밀히 물으면 위 속의 음식은 나인가, 사과의 방향 분자는 사과를 떠난 순간 사과가 아니게 되는 것인가 하는 논의가 피어오른다.

　　억지 이론 같아 보이지만 그렇지 않다. 이것은 메타 이론이다. 인간이나 사과의 경계에 대해 우리가 합의하고 있기 때문에 한 사람의 인간, 하나의 사과라는 정의, 즉 한 종류의 모델을 공유하고 있는 것에 불과하다.

《사고 능력 키우는 법》(2010)

마에노 씨가 지적하고 있듯, 우리는 세계를 기술하는 모델에 합의하고 있는 것에 불과합니다. '나'라는 존재도 그에 해당합니다. 변화에 관해서도 마찬가지입니다.

이 세계에서 실제로 일어나고 있는 일들은 구분할 수 없는 현상의 연쇄일 수밖에 없는데, 그 안에서 구분된 일부로서 '변화'라는 현상을 잘라 낸 것에 불과합니다.

현대에 자주 언급되는 변화관은 가상의 최선에 불과하고, 세계를 인식하는 새로운 방식이나 인간을 인식하는 방식은 시대의 흐름 속에서 점점 생겨 나는 것입니다. 수직적 전환의 바탕에 있는 건, 나라는 존재가 확고하게 존재하는 것이 아니라 계속해서 변화하는 현상의 흐름이 존재한다는 관점입니다.

많은 사람이 현대 사회를 살아 내려면 개성이 있어야 한다고 생각하는 것 같습니다. 스리랑카 상좌(上座) 테라바다 불교 장로 알루보물레 스마나사라(Alubomulle Sumanasara) 씨는《무아를 바라보는 법》에서 전국시대의 무장 모리 모토나리(毛利 元就) 이야기를 예로 들며 일본인이 자신을 드러내지 않고 커뮤니티에 맞춰 생활하는 것을 미덕으로 여겨 온 한편, 현대에는 경쟁 원리 속에서 '개성을 드러내라'고 요구받는 상황에 처해 있지만 요구받은 이행이 잘 이루어지지 않고 있음을 지적합니다.

나라는 존재는 계속 변화하며 확고하고 고정적인 것이 아닙니다. 스마나사라 씨는 진정한 개성이나 정체성이라는 화제에 대해 말합니다.

'나'는 하나의 흐름, 작은 시냇물이나 작은 폭포와 같은 것입니다. 내면은 순간 순간 바뀌지만 '작은 시냇물이 있다', '폭포가 있다'라고 말할 수는 있을 것입니다. 작은 시냇물이라고 해도 금세 변하고 폭포라고 해도 금세 변하지만, '존재한다'고 말할 수 있지요. '변하지만 존재한다'고 말할 수 있는 것이 바로 개개인의 정체성입니다. 즉, '있으면서 없는 것'입니다.

《무아를 바라보는 법》(2015)

'나'라는 존재는 바뀌고 싶지 않다고 생각해도 바뀌어 버리고, 바뀌려고 해도 바뀝니다. 도전하든 도전하지 않든 바뀝니다.

계속 바뀌는 '나'는 현상에 불과하다

'나'라는 존재는 계속 변화하는 법입니다. 좋은 것도 나쁜 것도 없습니다. 태어나서 죽을 때까지 끊임없이 변화합니다. 어떻게 존재하려고 하든, 영향을 받고 영향을 주는 흐름 속에서 살아가고 있습니다.

이 세계관을 설명한 것이 바로 불교 사상의 '연기'라는 사고방식입니다. 《불교 사상의 제로포인트》를 쓴 우오카와 유지(魚川祐司) 씨에 따르면 연기는 이렇게 설명됩니다.

모든 현상은 원인(조건)에 의해 형성된 것이고 언젠가 반드시 소멸하는데, '모든 현상이 원인(조건)에 의해 성립하는 것'을 법칙으로 개념화한 것이 이른바 '연기'이다.

《불교 사상의 제로포인트》(2015)

전환을 겪고 있는 분들을 상담할 때, 대다수는 '나'라는 존재가 확고하게 존재한다는 전제 때문에 고통을 느끼고 있었습니다. 물론 확고하게 변화하지 않는 존재라고 생각하는 건 아니지만, 보통때에는 변화하지 않고 고정되어 있는 듯한 이미지를 가지고 있는 분이 많습니다.

불변의 세계 너머
'연기(緣起)'의 세계

세계는 무언가가 있어서 무언가가 일어나는 연기의 세계입니다. 모든 것은 변합니다. 유동적인 강의 흐름과 같은 것입니다. 상호간에 경계선은 있지만, 인간이 가정하고 합의한 것일 뿐 절대적으로 흔들리지 않는 것은 없습니다.

'나'라는 존재는 다양한 것, 다양한 일, 다양한 사람과 관련되어 있습니다. 요소가 존재하고, 요소들 사이에서 현상이 일어납니다.

현상은 매일 다릅니다. 사람과 사람의 관계를 예로 들면, 한쪽이 바뀌어 다른 한쪽에 영향을 미치고 두 사람 사이에 생기는 현상은 이전과 다른 것이 됩니다.

다만, 관계에는 관성이 작용하기 때문에 두 사람 사이의 관계의

　　　　　　　소란한 마음을 다스리는 법

질은 서로 비슷한 것이 계속되는 경우가 많습니다.

'나'에게 수직적 전환이 일어나면 주변에도 영향을 미칩니다. 상대로부터 돌아오는 말과 행동도 달라집니다. 수직적 전환에서 '모든 일은 제어할 수 있다'는 관념을 내려놓으면, 주변 사람들을 제어할 수 없는 존재로 받아들이고 관계를 맺는 현상이 일어나는 경우도 있습니다.

'관계'의 존재 방식을 들여다봐라

우리들의 전환은 관계가 성립하는 모든 요소와의 관계 속에서 일어납니다. 대표적으로 가족이나 배우자와의 관계, 일과의 관계, 나와 관련이 있는 제3의 커뮤니티와의 관계, 디지털 세계와의 관계를 예로 들 수 있습니다.

관계들의 존재 방식은, 자연스럽게 다른 패턴을 형성합니다. 관계를 변질시키기 위해서는, 자신이 바뀌거나 다른 요소와의 관계를 맺는 방식을 바꿔야 합니다. 생각대로 제어할 수 있지 않기 때문에, 계속해서 조정하려고 시도해야 합니다.

특히 사람과의 관계와 자연과의 관계는 전환이 일어날 때 꼭 다루어야 하는 중요한 요소입니다.

자아를 내려놓는 연습

수직적 전환에서 중요한 건, 자아를 내려놓는 것입니다. 매일의 생활에서 자아는 어떻게든 나오는 법이고, 완전하게 깨달음을 얻지 않은 한 자아가 고개를 드는 건 피할 수 없습니다. 자아는 부정하거나 없는 것처럼 억압하면, 오히려 더 몸집이 커지는 성질을 가지고 있습니다. 반대로 감사하거나 인정하면 작아집니다.

태어나 성장하는 과정에서 자아는 고유의 패턴을 가집니다. 행동 패턴뿐만 아니라 마음의 패턴도 형성되어 갑니다. 한 사람 한 사람의 자아는 서로 다르며, 내버려 두면 점차 강화됩니다.

우리는 타인과 자신을 비교하고, 무언가가 되려 하고, 자신에게 사회 규범을 주입해 죄의식을 느끼고, 자신의 생각대로 제어하려고 하며, 모든 일과 사람에게 라벨을 붙이려 하고, 원인을 무언가의 탓으로 돌립니다.

내버려 두면 자아의 활동이 일어납니다. 당연한 일입니다. 그러나 연쇄로부터 얼마든지 벗어날 수도 있고, 노력 여하에 따라 자아로 고통받는 일을 줄여 나갈 수 있습니다.

자아를
적절히 다루는 법

자아란 무엇인가

자아를 적절하게 다루기 위해서는, 자아를 어떤 것으로 받아들일지가 중요합니다.

자아는 세상의 현상을 설명하기 위해 만들어진 개념에 불과하지만, 현 시점에서의 최선의 답을 제시해 보겠습니다.

우리는 자아의 명령에 몸을 움직이지 않습니다. 예를 들어 이직을 생각할 때, 자아의 결정이 아니라 신체 감각이나 마음의 상호작용이 일어나 자아가 나로 하여금 정한 것이라고 생각함으로써 성립합니다.

앞서 소개했던 행복학 연구자 마에노 타카시 씨의 수동의식 가설은, 근대에 연구되어 온 종래의 마음 모델이 "의사 결정은 의식이 신체 활동이나 마음을 제어함으로써 성립한다"는 전제를 기반으로 한 것이었습니다.

하지만 "의사 결정은 몸이나 마음이 자율분산적인 상호 작용을 통해 이루어지는 것"이라는 입장을 취하고 "결과를 의식이 보고 생각해 의사를 결정한다"고 착각하는 현상이 일어난다고 지적합니다.

각각의 의식 즉, 자아 또는 자아 의식과 감정, 몸을 어떻게 다뤄야 하는지 살펴보겠습니다.

어떤 생각이든 괜찮다

'마감일까지 발표 자료를 완성해야 해'라는 생각도 들지만, '그 상사가 하는 말은 틀렸어'라는 생각이 떠오르는 때도 있습니다. 생각은 우리가 하려고 하기 전에 멋대로 떠오르는 법입니다. 생각은 또한 잇달아 떠오릅니다.

수직적 전환을 받아들기 위해서는, 어떤 생각이 떠오르든 '오케이' 하며 받아들이는 자세가 중요합니다. 앞서 비교증후군에서도 이 '오케이'가 핵심이었습니다. '이런 생각을 해도 괜찮은 걸까' 싶은 생각이 떠올라도 '오케이', 멋진 생각이 떠올라도 물론 '오케이', 어떤 생각이 떠오르든 일단 받아들이세요.

자아 속에서는 '이렇게 보이고 싶다'거나 '이렇게 보이고 싶지 않다'는 생각, '이래야만 한다'거나 '이래선 안 된다'는 생각, 또 '이것은 옳다'거나 '이것은 옳지 않다 또는 틀렸다'는 정오 판단, '어느 쪽이 우수하고 열등한가'라는 우열 판단 등 다양한 판단과 평가 또는 가치 매김이 일어납니다.

모든 것을 받아들인다고 해서, 판단 능력이나 가치 능력이 사라지는 것은 아니니 안심해도 좋습니다. 오히려 자신의 판단 버릇이나 평가를 내릴 때의 기준을 객관적으로 바라볼 수 있게 됩니다.

자아는 이야기를 만들어 냅니다. 우리는 잠재적인 불안이나 두려움의 영향을 받아, 반사적으로 비관적인 이야기를 만들거나 실제로 일어나지 않은 미래의 허구를 그리는 일을 잘합니다.

'이야기를 그만 만들자!' 하고 자아 속에서 마음을 먹어 보면 어떨까요? 이때도 '이야기 만들기를 그만두는 이야기'를 연기하는 자신이 고개를 듭니다. 생각대로 되지 않는다고 생각하는 것의 원인이 됩니다.

제가 제안하고 싶은 건, 떠오르는 생각을 그저 '계속 바라보는 것'입니다. 바라보고 바라보고 또 바라보는 것이죠. 어떤 생각이 떠오르든 '오케이' 하며 받아들이기를 반복하는 것입니다. 무엇보다 좋은 시작이 됩니다.

머릿속이 평온해지는 법

머릿속에 떠오르는 생각은 좋은 것도 나쁜 것도 없습니다. 그저 현상이 일어나고 있을 뿐입니다. 전부 받아들이지 못한다고 하더라도 현상이 일어나고 있다는 것은 부정할 수 없습니다. 떠올랐다가 사라지고 떠올랐다가 사라지기를 반복해 나가는 실천을 반복하면, 머릿속이 평온해집니다.

떠오르는 것을 제어할 수는 없습니다. 우오카와 씨는 《불교 사상의 제로포인트》에서 적었습니다.

우리는 평소 내가 나의 '생각대로' 행동하고 있다고 생각하지만, 실제로는 '생각' 그 자체가 '우리의 것'이 아니라 다양한 조건에 따라 마음속에 '문득 떠오른 것'에 불과하다.

《불교 사상의 제로포인트》

생각대로 되지 않는 것을 제어 또는 고정화할 수 있다고 생각하면 정신이 피폐해집니다. 우리는 우리가 원하는 대로 살아가고 싶다고 생각하며 켄 윌버가 말하는 수평 이동을 반복하는데, 그때 생각대로 되지 않는 것을 제어하려고 하는 자신이 끝없이 튀어나온다고 생각합니다.

우리들이 할 수 있는 것은 어디까지나 조정해 나가는 것으로, 조정하는 기술은 갈고닦을 수 있습니다.

'살아가며 일이 잘 풀리지 않을 때는 그저 받아들여야만 하는가' 하고 오해할 수도 있는데, 어디까지나 마음챙김의 이야기입니다.

일이 잘 풀리지 않는다면 잘 풀리도록 조정해 보는 것도 좋고, 조정하지 않아도 좋습니다. 노력을 부정하는 건 결코 아닙니다.

감정 다루는 법을
향상시켜라

인간은 분노, 미움, 질투 등 많은 감정을 느낍니다. 감정을 어떤 것이라고 생각하나요? 성가신 것일까요? 무언가를 생산하는 원동력일까요? 인간이 가지는 근원적인 것이라고 답하는 사람도 있을지 모릅니다.

'감정적인 사람'이라는 말을 들으면, 대다수의 사람은 부정적인 이미지를 떠올립니다. 그 배경에 '감정적=좋지 않다'라는 사고의 전제가 존재합니다.

비즈니스 세계에서 더 두드러집니다. '비즈니스적'이라는 표현에는 '합리적이고 감정적이지 않다'는 의미가 내포되어 있지요. 그런 개념을 공유해 비즈니스라는 현상을 성립시키고 있는 셈이기 때문에, 감정을 드러내는 사람은 바람직하지 않다고 여길 때가 많습니다.

현대에서 전환의 중요성에 관해 이야기하는 제레미 헌터 씨는 "감정이 논리적인 사고보다 열등하다는 생각은 근대에 만들어졌다"라고 지적합니다. 저도 찬성합니다. 그 결과 감정의 억압이 일어납니다.

여기에서는 일부러 정동과 감정을 구분했습니다. 연구 영역에 따라 정의는 다르지만, 원초적인 쾌와 불쾌의 감각을 정동이라고 부릅니다. 그것들에 인지적인 처리가 이루어진 결과, 우리들이 의식적으로 인식하는 것을 감정이라고 부릅니다.

긍정이 좋지만은 않고, 부정이 나쁘지만은 않다

감정의 긍정과 부정 분류는 어디까지나 편의를 위한 것입니다.

부정적인 감정은 억압되는 경향이 있습니다. 부정적인 감정을 억압하는 사람은, 자신이 억압하고 있는 감정을 표출하는 사람을 보면 자신과 마찬가지로 감정을 억압하길 바랍니다.

억압하고 억압당하는 상호 작용 때문에, 서로의 감정을 억압하는 관계가 늘어가고 있는 것입니다. 그렇다고 감정을 정면으로 부딪치는 게 좋다는 것도 아닙니다.

감정이 떠올랐을 때 파도를 받아들이고 능숙하게 다뤄 행동 에너지의 원천으로 삼아야 합니다. 헌터 씨는 감정의 흐름을 파도타기(surfing)에 비유해 설명합니다.

감정은 흐름이고 연기 속에서 나타나는 현상입니다. 현상이 일어나고 있다는 걸 받아들이고 활용할 방법을 찾아야 합니다.

부정적인 감정은 떠올라서는 안 된다고 억압해 버리면, 훗날 부자연스러운 형태로 표출됩니다. 예를 들어 정신적 혹은 신체적으로 고통을 느끼게 됩니다.

감정을 받아들이는 법

감정을 받아들이는 방법을 알아야 할 텐데, 우선 감정에 라벨을 붙이지 않는 것이 중요합니다.

흐름으로서 생기는 건 생기는 대로 두고, 어떤 감정이 떠올라도 좋습니다. 그것 자체를 부정할 수는 없습니다. 감정이 솟아오르는데 '감정이 솟아오르지 않는다'고 말해도 소용이 없기 때문입니다.

만약 감정에 지배당할 것 같을 때는, 심호흡하는 습관을 들여다보는 것도 좋을 것입니다. 그때 느끼는 감정이 평생 지속되진 않기 때문에, 시간을 두면 점차 물러나게 됩니다. 부정적이라고 생각했던 감정에는 주목하고 싶지 않을지도 모릅니다.

저도 종종 그런 감정을 만납니다. 하지만 부정적인 감정도 솟아 오르기 때문에, 우리가 할 수 있는 것은 받아들이는 일뿐입니다.

자아는 부정적인 감정으로부터 눈을 돌리려고 하지만, 그저 감정에 의미를 더하지 말고 받아들임으로써 다음 단계로 나아가야 합니다.

진심으로 바라는 바를 응시하다

사람들이 감정을 표출하는 방식에는 제각각 패턴이 존재하고, 과거의 경험을 통해 형성됩니다.

감정을 받아들여, 떠오르는 감정을 있는 그대로 느낀 다음, 무엇을 절실하게 바라고 있는지 생각합니다. 감정은 진심으로 원하고 있는 것이 있다고 알려 주는 신호입니다.

바람이 충족되지 않고 있음을 알려 줍니다. 혹시 스스로 해낼 수 없다고 단정하고, 포기해 버린 일이나 진심으로 바라고 있는 일은 없나요?

진심으로 바라는 바가 반드시 이루어진다고는 할 수 없지만, 자각하는 건 어떤 상황에서든 중요합니다. 자각하면 그 시점에 집착하고 있어 내려놓을 수 없는 것, 사람·일과의 관계를 내려놓을 수 있습니다.

인생의 고비가 찾아오면 본질적으로 감정이 자극받기 쉽기 때문에, 감정을 다루는 법을 향상시켜 나가면 인생의 요소요소를 극복해 나가는 데 도움이 됩니다.

몸이 저절로
흘러가게 놔둔다는 것

의식, 감정에 이어 다음은 몸입니다. 몸을 다스리는 것 역시 매우 중요하고, 의식이나 감정과 함께 우리의 근원적 생각에 접근할 때 중요한 신호가 됩니다.

신체 반응의 대부분은 말로 설명하기 힘듭니다. 신체적으로 위화감을 느끼는 상태는 근원적인 생각을 알아채는 신호가 됩니다.

예를 들어 저는 일의 마감이 가까워지면 등 전체가 압박을 당하는 것 같은 느낌이 듭니다. 그대로 두면 의식적으로는 작업을 할 수 있을 것 같아도, 에너지가 솟아오르지 않게 됩니다.

몸이 향하는 곳은 어디인가

몸이 어느 쪽을 향하려는가 하는 물음이 중요합니다. 자아는 몸을 통제하고 싶어 하지만, 앞서 이야기했듯 자아는 마음이나 신체 감각의 상호 작용 결과를 바라보는 존재에 불과합니다. 의도적으로 '이쪽을 향해야 한다'고 머리로 만든 방향이 아니라, 신체적으로 마음이 편안한 방향이 있습니다.

몸의 감각에 의식을 기울이며 행동하면, 신체적 행동이 앞서고 생각이 나중에 따라오는 현상이 일어납니다. 새로운 상황을 마주했을 때, 과거의 경험에 의해 형성된 패턴으로부터 '위험하다!' 같은 신호를 느끼기도 합니다.

위험을 회피하기 위해 매우 중요한 과정이지만, 신호가 나타났을 때 자아는 그에 따르려고 합니다. 불쾌한 감각을 느끼고 싶어 하지 않기 때문입니다.

그러나 신체 감각에 주목하는 습관을 들이면, 두려운 감정에 의미를 부여하지 않아도 신체 반응에 불과하다는 것을 알 수 있습니다. 신체 반응을 감정과 똑같이 받아들이는 것입니다.

연기의 세계에서 현상이 일어나는 것입니다. 그럼 두려움이 사라집니다. 두려움에 휘둘려 통제할 수 없는 경우가 줄어듭니다.

취약함을 받아들이면 매력이 된다

사람들은 대개 고통을 숨깁니다. 고통은 억제해야 하는 것이고 드러내서는 안 된다고 생각하기 때문입니다.

그러나 고통은 전환의 중요한 자원으로, 받아들이면 삶의 방식을 바꿀 수 있습니다.

사회학자 브레네 브라운(Brené Brown)은 취약함이 창조력의 근원이라고 말합니다. 사람의 마음을 울리는 이야기가 만들어지는 게 반드시 강인함의 과시를 의미하진 않습니다. 취약함의 개시와 변용에 사람들은 마음을 움직이곤 합니다.

많은 신화가 그런 구조를 가지고 있습니다. 주인공이 처음부터 너무 강인하면 공감의 여지가 없습니다. 오히려 다양한 위기를 겪고 동료와의 이별이나 합류, 적과의 대치 등을 통해 주인공의 내면이 성장해 나갑니다.

주인공의 성장과 변화를 지켜보며 사람들은 마음을 움직이지 않을까요?

취약한 모습을 드러내선 안 될 이유는 없습니다. 약하든 강하든 있는 그대로의 나로 존재할 수밖에 없습니다. 부디 자기 자신 안에 있는 모든 것을 살려 보길 바랍니다.

자신감은 저절로 흐르는 걸 믿는 것

자신감을 '자신을 믿는다'는 의미로 이야기하는 사람이 많습니다. 인본주의 시점에서 보면 위화감이 없을 것입니다. '믿는다'는 행위는 근거 없이 행해지는 것입니다.

앞서 성지 순례 여행에서 이스라엘 유대인 교도의 신앙을 마주한 이야기를 했는데, 그들의 모습이 믿는다는 것의 본질을 나타내고 있다고 느꼈습니다.

'믿는다'는 행위는, 종교의 영역뿐만 아니라 세상 곳곳에 침투해 있습니다.

예를 들어 스타트업 기업에서 사장이 내거는 비전에 공감하는 사람이 모여드는 모습을 상상해 볼까요? 최초 시점에서 비전은 형태로 나타나기까지 머릿속에만 존재합니다.

그러나 인간에게는 실제로 일어나지 않은 것을 믿는 힘이 있습니다. 믿는 사람들에게는 또렷하게 느껴지는 세계인 것입니다.

스타트업이든 종교든 일상 생활이든 믿는다는 현상은 두루두루 발견됩니다.

제 안에서 자신감이라는 말의 위치는 '이렇게 존재하고 싶다'라는 자아가 원하는 고정적인 모습이나 이상적인 자기 이미지가 아니라, '나'라는 변화하는 흐름 자체를 아무 근거 없이 신뢰하는 것입니다.

나아가 '나'라는 존재는 다른 것과 엄밀하게 분리되는 존재가 아니라, 모든 요소가 연쇄한 결과에 현상으로서 나타나는 것에 불과합니다.

갈등은 창조의 원천이 될 수 있다

다양한 사건으로 넘치는 변화의 시대를 살아가며 우리는 내면의 변화, 즉 전환을 셀 수 없이 경험합니다. 그리고 전환의 소용돌이 속에서 수많은 갈등을 겪습니다.

갈등을 내 편으로 만들기 위해서는 어떻게 해야 할까요?

정신과 의사 이즈미야 칸지(泉谷閑示) 씨는 갈등에 대해 이렇게 정의합니다.

갈등이라는 것은, 의식 속에 '동그라미'라는 마음과 그것과 일치하지 않는 '세모'라는 마음이 대립한 채 병존하는 상태를 말합니다.

더 정확하게 말하자면 '동그라미'라는 '머리로부터의 생각'과 '세모'라는 '마음으로부터의 감정'이 함께 존재하는 것입니다.

따라서 후련하지 않고 심란한 것입니다. 이러한 상태를 갈등이라고 말합니다.

대부분의 사람은 갈등을 병적인 것이라고 여기지만, 갈등을 겪고 있는 상태야말로 오히려 건강한 상태입니다. (중략)

그러나 인간은 어떻게든 후련해지고 싶어 하기 때문에, 한편을 채워 갈등을 해결하고 싶어 합니다. 대개의 경우 머리로부터의 생각인 동그라미가, 마음으로부터의 감정인 세모를 채우게 됩니다.

세모는 억압되고 의식상으로는 동그라미가 모든 것을 지배하게 됩니다. 겉보기에 후련해져 갈등이 사라졌다고 느낍니다. 하지만 억압받고 있던 세모가 반발하며 움직입니다. (중략)

치료로서는, 억압되어 있는 것을 갈등 레벨까지 가져가면 충분히 의미 있는 것이 됩니다.

'나으면 말끔해져 고민도 없어지고 분명 편해질 것'이라고 생각하기 쉬운데, 마땅히 해야 할 고민을 하게 됩니다. 그것이 '낫는다'라는 것입니다.

《보통이 좋다라는 병》(2006)

수직적 전환이 일어나면 감정이나 신체 반응을 수용하게 됩니다. 원래 의식 속에서 인지할 수 있던 욕구뿐만 아니라 마음 또는 정동, 감정이나 신체를 통한 무의식의 욕구도 드러납니다.

일단 갈등을 존재하지 않는 것으로 여기지 말고 갈등을 겪고 있는 자신을 수용하는 것에서 시작해야 합니다. 받아들일 수 없는

소란한 마음을 다스리는 법

내 모습이 존재하더라도 전혀 문제없습니다.

다음으로 자아로부터 나오는 욕구는, 그저 바라보고 라벨을 붙이거나 의미를 부여하지 말고 관찰합니다. 충족되지 않은 근원적 욕구가 표출되었을 때는, 행동하는 과정에서 욕구가 해소되어 가는 것을 거들어 나갑니다.

마음 깊은 곳에 억압되어 있는 것이 표출되어 일어나는 갈등은, 인생을 드라마틱하게 바꾸는 힘을 가지고 있습니다.

갈등을 겪고 있기 때문에, 다른 사람에게 도움을 구할 수 있는 것인지도 모릅니다. 바꿔 말하자면, 갈등이 사람과의 연결고리를 만드는 가치를 이끌어 낸다고도 할 수 있습니다.

가정 내에서 갈등하고 있다고 해 봅시다. 갈등으로 가족 내에서 더 확실한 존재 방식을 모색할 수 있을지도 모릅니다. 갈등이 새로이 사업을 일으키거나 활동의 불씨가 될지도 모릅니다.

갈등이야말로 살아 있다는 실감

생물학자 후쿠오카 신이치 씨는 생명에 관한 중요한 시점을 제공합니다.

환경은 우리 몸속을 관통하고 있다. 아니 '관통'이라는 말도 정확한 표현이 아니다.

분자가 '통과'할 수 있는 용기(容器) 같은 것이 있었던 게 아니라, 용기라고 부르는 우리의 몸 자체도 '계속해서 통과하고 있는' 분자가 일시적으로 형태를 만들고 있는 것에 불과하기 때문이다.

즉, 흐름 그 이상도 이하도 아니다. 흐름 속에서 우리의 몸은 끊임없이 변하며 일정한 상태를 유지하고 있다. 흐름 자체가 '살아 있다'고 표현되는 것이다.

루돌프 쉰하이머(Rudolf Schoenheimer)는 생명의 특이한 존재 방식을 동적 상태(dynamic state)라고 부른다. 나는 이 개념을 확장해서, 생명의 평형 중요성을 강조하고자 '동적 평형'이라고 번역하고 싶다. (중략)

여기에서 우리는 다시 한 번 '생명이란 무엇인가'라는 물음에 답할 수 있다. '생명이란 동적인 평형 상태에 있는 시스템이다' 라고 말이다.

《동적 평형: 읽고 나면 세상이 달라져 보이는 매혹의 책》

앞서 언급한 갈등은, 심리적으로 일어나는 동적 평형의 발현 중 하나라고 생각합니다. 갈등을 느낀다는 것 자체가, 살아 있다는 실감을 상징합니다.

소란한 마음을 다스리는 법

갈등을 없애지 않고 살려 나간다는 시좌(視座)의 전환이 일어나면, 인생이라는 흐름을 더 풍요롭고 생기 있게 살아가는 사람이 될수 있지 않을까 생각합니다.

내면만큼 중요한 외부,
외부만큼 중요한 내면

지금까지 내면 세계를 다루는 방식을 살펴보았습니다. '나'라는 존재는 다른 사상으로부터 완전히 분리할 수 없는 흐름이기 때문에, 내면 세계를 다루는 건 외부 세계를 다루는 일이기도 합니다.

전환이 일어날 때는, 내면 세계와 주변 세계 모두 연동하며 변화해 나갑니다. 내면에 주목하는 방법을 이야기했는데, 같은 방법으로 외부 세계를 바라보면 내면의 이해를 심화할 수 있습니다.

예를 들어 굉장히 신경 쓰이는 일이나 감정적으로 예민하게 반응하는 일이 있나요? 저에게는 '후계자 문제'가 그렇습니다.

냉정해질 수 없을 때가 있습니다. 그럴 때는 축적해 온 경험 속에서 형성된 사고 패턴, 감정 패턴, 신체 패턴이 솟구쳐 오릅니다.

후계자 이야기를 할 때면 '얼굴이 굳어졌다'거나 '안색이 달라졌다'는 말을 듣기도 합니다. 저도 모르게 그런 반응이 나와 버립니다. 이런 신호가 잘 드러나는 영역이야말로 내면을 탐구해 나가는 기회로 넘치기 때문에, 다뤄 볼 만하다고 생각합니다.

집착하고 있는 생각을 버릴 수 없을 때나 무언가를 절대적으로 옳다고 믿고 있을 때는, 많은 경우 자신도 모르게 세계 즉, 다른 요소의 집합에 자각 없이 반응해 버립니다.

바깥 세계를 어떻게 볼 것인가 하는 것이 바로 세계관 즉, 세계를 보는 방법입니다. '세계관이 있다'라는 표현을 쓰는데, 누구든 '세계란 이런 것이다'라는 관점을 가지고 있습니다.

특별한 사람만이 가지고 있는 것이 아닙니다. 세계는 '나'라는 필터를 통해 볼 뿐이고, 우리가 체험하는 것은 한 사람 한 사람이 별개의 세계라고 말할 수도 있습니다.

자아를 승화시키려 노력하라

사업가나 예술가와 이야기를 나누며, 에너지 고갈 없이 창작 활동을 계속하는 사람들의 공통점을 발견했습니다. 절실함을 중요하게 여긴다는 점이었습니다.

내버릴 수 없는 자아를 정공법으로 다루려는 것이라고 생각합니다. 내면 세계에서, 특히 인생을 걸고 임하는 가치 있는 일은 아무리 노력해도 해소되지 않을 때가 많습니다.

원체험(原體驗, 기억에 오래 남아 있어 어떤 식으로든 구애받게 되는 어린 시절 체험)이라는 말로 표현하는 사람도 있는데, 원체험에 집착하는 게 아니라 해소하기 위해 움직여야 합니다. 어렸을 때부터 수차례 무의식적으로 반복된 사고는 금세 사라지지 않습니다. 지금 순간에도 계속 드러납니다.

표출하는 버릇은 좋은 것도, 나쁜 것도 아닙니다. 받아들여 나갈 수밖에 없습니다. 그러나 반항하고 싶어지는 것이 인간의 본성입니다. 하지만 저항하면 할수록 고통은 점점 커집니다.

정신적으로 성숙해지기 위해서는, 고개를 드는 자아를 승화시켜 나가야 합니다. 상담받으러 오는 분들 중 몇몇은 놀라운 변화를 겪고 있는데, 그분들은 내면에서 마주해야 하는 자아의 현상을 외면하지 않게 되었습니다. 굉장한 발전이라고 생각합니다.

지금까지 자아를 내려놓아야 하는 대상이라고 설명해 왔는데, 이야기에서 이야기로 이동하는 수평적 전환에서 자아는 이행을 촉진하는 에너지원이 되기도 합니다.

다만, 자아의 원천을 특정해 나가더라도 잡아먹히면 오히려 몸집이 커져 버립니다. 오랜 시간 자아를 다뤄 온 승려나 같은 영역에서 자아를 승화시켜 온 선배를 멘토로 삼는 걸 추천합니다.

2018년 12월 '농가 혁신 연구소' 이벤트에서 강연했을 때 뒷풀이에서 관계자에게 흥미로운 이야기를 들었습니다. 사업가가 본질적으로 사회를 풍족하게 만드는 사업을 꾸려 나갈 때, 자아 다루기가 매우 중요하다는 이야기였습니다.

자아가 승화되는 전환 포인트는 사업가마다 제각각이고, 필요한 때 개입하지 않으면 자아에 관한 피드백을 받을 수 없다는 것이었습니다.

자아를 승화시켜 나간 선배 경영자가 적절한 개입을 하면 자아의 존재 방식을 쉽게 알아차릴 수 있고, 본질적인 경영 방식을 만들어 나갈 수 있다는 것입니다.

자아의 승화라는 현상은 종교 영역뿐만 아니라 경영 영역에서도 일어날 가능성이 있습니다. 종교 영역의 수행을 반드시 거쳐야 하는 것은 아닙니다. 각각의 수직적 전환 실천법이 만들어지기를 바랍니다.

외부와 내면을 잇는, '자타의 발고여락'

자아를 마주하게 되면, 나를 위해서뿐만 아니라 다른 사람을 위해 자신을 희생하는 것이 아닌 제3의 길이 보이기 시작합니다.

앞서 여러 차례 언급했지만 '자타의 발고여락'이라는 말이 있습니다. 자타는 자신과 타인, 발고여락은 고통을 없애고 편안함을 준다는 의미입니다.

자신의 전환은 늘 자타 흐름의 균형 속에서 진행해 나갑니다. 자아를 다룰 때는 발고여락을 지침으로 삼는 것이 좋습니다.

자신의 발고여락을 추구하다 보면, 주변과의 인간관계가 잘 풀리지 않게 되고 자신의 고통을 늘려 버릴 때가 있습니다.

반대로 주변 사람을 돌보는 데 몰두한 나머지 자신을 돌보지 않으면, 피폐해지고 기력이 나질 않아 증후군을 겪게 되는 경우도 있습니다.

양자의 균형을 맞춘 형태가, 자타의 발고여락입니다. 앞서 마츠모토 씨가 "자신도 타인도 아니다"라고 말했었지요.

모든 인간관계를 끊고 자신을 탐구하는 데에만 시간을 할애하는 사람은 그리 많지 않은 듯하기 때문에, 다른 사람들과의 관계 속에서 할 수 있는 일을 실천해 가는 것이 더 좋다고 생각합니다.

'인생, 이것만 있으면 평안하고 무사하다'고 할 수 있는 일은 사실상 존재하지 않습니다. 아무리 유용하다는 기술을 가지고 있다해도 평생 먹고살 수는 없습니다. 인간관계도 계속 변합니다. 사는 곳도 바뀔지 모릅니다.

바뀌어 가는 것이 당연하기 때문에, '바뀐다'라는 현상을 받아들여 나가면 그때그때 균형을 맞추며 살아갈 수밖에 없다고 생각합니다.

그럴 때 자타의 발고여락을 의식해 보면 어떨까요? 많은 사람이 자아를 다루는 데 어려움을 겪지만, 모두들 두려움 없이 살아가고 싶을 것입니다.

자타의 발고여락을 염두에 두면, 나의 편안함이 다른 사람에게 고통이 되지 않고 함께 편안해지는 흐름을 만들 수 있습니다.

한 사람 한 사람이 모여
사회가 형성된다

'사회는 어떻게 바뀌어 가는가' 하는 문제는 늘 빈번하게 논의되고 있습니다. 잊어서는 안 될 것은, 개인이 모여 사회가 형성된다는 점입니다.

개개인의 전환은 주변에 영향을 미칩니다. 또한 주변 사회의 패턴을 바꿀 수 있는 변화가 일어나는 계기가 됩니다. 내버려 둬도 지속되어 온 것을 반복하는 인간의 지속성과 계속 변화하고 있는 자연의 변화 리듬 사이에서 갈등이 발생합니다.

게이오기주쿠 대학교 대학원 특별 초빙 준교수 이노우에 히데유키(井上英之) 씨는, '나'와 사회의 관계에 대해서 소셜 이노베이션(social innovation)이라는 현대 흐름을 근거로 발언했습니다.

'나'이면서 내가 아니기 때문에 계속 움직일 수 있다. 개개인이 깊고 유기적으로 연결되어 집합적인 변용이 일어난다. 즉, 독자성은 유지된 채 전체로서의 변화가 진행된다.

〈DIAMOND 하버드 비즈니스 리뷰〉, 2019년 2월호

또한 '나'에 대해서는 다음과 같이 말했습니다.

제2차 세계대전 이후 많은 기업이 경제성장을 이루는 과정에서 종업원의 개성이나 다양성을 없애고 표준화해서 부품처럼 다루며 축소시켜 왔다. 수혜를 입은 부분도 있지만, 큰 변화가 일어나는 사회에서 필요한 것은 개인이고 '나'이다.

따라서 기업은 개인을 돋보이게 하고, 다양한 '나'를 수용하고, 때로는 적대적인 입장에 있는 사람과 함께 협동하는 힘을 가져야 한다.

자신에 대한 이해나 자기 수용을 통해 개개인이 능력을 발휘하는 조직과 기업 문화를 만들어야 한다. 타자에 대한 이해를 깊이 하고 세계에 대한 이해를 연결해 나감으로써, 새로운 시장을 창출하고 혁신을 유도할 수 있다고 확신한다.

〈DIAMOND 하버드 비즈니스 리뷰〉, 2019년 2월호

이노우에 씨는 개인의 내면 세계 이야기에 한정하지 않고, 사회

에서 기업의 역할이나 혁신에 관해 말합니다. 또한 '나'라는 존재를 심화해 나가면 사회에도 영향을 미칠 수 있음을 말합니다.

수직적 전환이 일어나는 과정은 내 안에서 끝나지 않습니다. 나를 시작으로 흐름 속에서 관계 맺는 사람들의 발고여락이 일어나는 하나의 요소가 될 수 있습니다.

내적 풍족을 추구하는 흐름

인내하고 개성을 억누르는 것을 미덕으로 여겨 온 일본 사회에서도, 개성을 드러내며 살아가는 사람들이 늘어가고 있는 듯합니다. 인플루엔서(influencer)라고 불리는 사람들이 대표적인 예일 것입니다.

흐름을 받아들이고, '옛날이 좋았다'며 과거로 돌아가지 말고, 인내하지 않고 개성이 있어야만 한다는 구속에서 벗어나 자아를 내려놓으며 살아가기를, 이 책은 권합니다.

자아에 휘둘리고 혼자 하는 씨름 때문에 소모되어 버리는 세계가 아니라, 자아를 받아들이고 내려놓으면서 관계의 바다 속에서 균형을 맞추며 본질적인 가능성을 체현해 가는 사람들의 흐름이 나타날 것입니다.

지속 가능한 사회의 형성이라는 화제에 관련해 최근 SDGs라는 말을 자주 접합니다.

SDGs는 2015년 9월의 유엔에서 채택된 것으로, 193개 유엔 회원국이 2016년부터 2030년까지 달성해야 할 전 세계의 공동 목표입니다.

빈곤에 종지부를 찍고 지구를 보호하고 모든 사람이 평화와 풍족함을 누릴 수 있게 되는 것을 목표로 하는, 보편적 행동인 지속 가능한 개발 목표입니다.

이 예가 아니더라도 지속 가능한 사회에 대한 이행의 흐름이 일어나는 과정에서, 현재의 이십 대에게는 지속 가능한 라이프 스타일을 구축하려는 흐름이 고양되어 왔습니다. 5부에서 언급한 전환 디자인도 그 흐름 중 하나라고 볼 수 있습니다.

지속 가능한 사회로의 이행에 관해 일본을 대표하는 청년 승려 조직 '전일본 불교 청년회' 이사장인 구라시마 류교(倉島隆行) 씨는 〈포브스(Forbs)〉와의 인터뷰에서 말했습니다.

젊은 세대를 중심으로 소비 스타일이 바뀌고 있지요. 공유 경제가 주목을 받은 지 오래고 고가의 브랜드를 동경하는 게 아니라 유기농이나 요가, 명상, 마음챙김에 관심이 모이고 있습니다. 모두들 단순한 소비로는 충족되지 않는 세상이라고 생각하기 시작한 것이죠.

자신이 먹고 있는 음식이나 입고 있는 옷이 어떤 생각으로 어떻게 만들어진 것인가, 그 본질에 주목하고 더 지속 가능한 라이프 스타일을 구축하려는 흐름이 나타나고 있습니다.

현 시대의 젊은 사람들은 이타적이고, 의식이 높고, 거대한 시점에서 모든 일을 받아들이고 있다고 생각합니다. 봉사활동을 하는 사람도 늘고 기부 시장도 활기를 띠고 있습니다. 그야말로 서로 베풀고 서로 지지하는 시대가 된 것이죠.

경제 성장 일변도에서 이상을 내거는 것이 올바르다고 여겨진 세계관을 대체하고자, 자아를 내던지고 내적 풍족함을 추구하는 사람이 늘고 있는 것인지도 모릅니다.

앞서 등장한 후쿠오카 신이치 씨는 생명 이야기를 접목해 '지속 가능함'에 대해 말했습니다.

여기에는 한 가지 중요한 계시가 숨어 있다. 가변적이고 지속 가능하다는 특징을 갖는 '생명'이라는 시스템은, 물질적인 구조 기반, 즉 구성 분자 자체에 의존하는 게 아니라 흐름이 유발하는 '효과'라는 점이다. 즉 생명 현상이란, 구조가 아니라 효과인 것이다.

지속 가능하다는 말은 많은 것을 시사한다. 지속 가능한 것은 늘 움직인다. 그 움직임은 '흐름' 혹은 환경과의 대순환이라는 고리 안에 있다. 지속 가능한 것은 흐르면서도 환경과의 사이에 일정한 동적 평형 상태를 유지한다.

외발 자전거에 올라 균형을 유지할 때처럼 조금씩 움직이고 있기 때문에 평형을 지속할 수 있는 것이다. 지속 가능한 것은 움직이면서 분해와 재생을 반복하며 자신을 쇄신한다. 그 때문에 환경 변화에 적응할 수 있고 또 상처를 치유할 수 있다.

지속 가능하다는 것이 무언가를 물질적·제도적으로 보존하거나 사수하는 게 아님을 깨닫는다.

지속 가능한 것은 일견 변하지 않는 것처럼 보여도, 항상 움직이면서 평형을 유지하고 또 미미하지만 계속 변화한다. 우리는 늘 한참이 지나서야 궤적과 운동의 존재방식을 '진화'라고 부를 수 있다는 걸 깨닫는다.

《동적 평형: 읽고 나면 세상이 달라져 보이는 매혹의 책》

우리는 한 사람 한 사람이 생명의 흐름을 잇는 존재로서, 지금 이 순간을 살려 살아갈 수 있을 것입니다. '나'라는 존재는 흐름이고, 내 안에서 일어나는 모든 현상을 받아들이고, 그것을 살려 살아감으로써 생명적이고 지속 가능한 삶의 방식을 실현할 수 있으리라 생각합니다.

자력에서 타력으로의 변화

인생을 충실하게 살기 위해 노력을 거듭하고, 자신이 꿈꾸는 모습을 이루기 위해 애쓰는 동세대 분들은 훌륭하다고 생각합니다. 진심으로 응원하고 싶습니다. 다만, 아무리 노력해도 행복도 풍족함도 손에 넣지 못하고 이유조차 알 수 없는 건 어쩌면 자아의 활동이 너무 활발해서인지도 모릅니다.

수직적 전환은 자력에서 타력의 세계로 변화해 가는 것이기도 합니다. 불교 철학자 스즈키 다이세츠(鈴木 大拙) 씨는 자력과 타력에 관해 적고 있습니다.

자력은 스스로 의식해서 노력하는 것이고, 타력은 자신의 노력이 한계에 이를 때 작용하기 시작한다. 즉 타력은 자력이 다하면 드러난다. 궁하면 통한다는 말도 이것을 가리킨다.

의식해서 노력의 극점에 이르면, 이상은 할 수 없다는 생각에 이른다. 바로 그 지점을 세차게 부순다. 백척간두에 서서 한 걸음을 내딛는다고 할까.

어쨌든 한 걸음 내딛으면 별천지가 펼쳐진다. 그때 의식하지 못한 힘이 작용하기 시작한다.

《선이란 무엇인가》(2001)

지속 가능한 사회를 만들기 위해서는 지속 가능한 개인을 지향하는 사람이 늘어나야 합니다. 그들이 선택한 선택지 중 하나가 불교의 지혜를 살리는 일이 아닐까 생각합니다.

종교적 이야기를 믿는 것이라기보다 불교의 지혜가 우리 인생에 살아 있는가를 확인해 보는 실증 실험입니다. 조금이라도 많은 사람이 수직적 세계에 대한 탐구를 심화하고 두려움 없이 세계를 살아가길 바랍니다.

소란한 세상에서
나를 지키는 내면의 힘

"이 세상의 모든 것은 변한다. 변하지 않는 것은 아무것도 없다."

석가모니 부처가 말한 이 진리를 지금처럼 실감할 수 있는 시대가 이전에 또 있었나 싶습니다. 인공지능이나 바이오테크놀로지와 같은 과학기술을 중심으로, 모든 분야에서 변화의 속도가 기하급수적으로 증가하고 있습니다.

한편 지금까지 연금을 비롯해 사회를 안정적으로 떠받쳐 온 다양한 공적 시스템은 제도 피로를 일으켜 신뢰가 흔들리고 있고, 변화를 주도하는 사람들과 그렇지 않은 사람들의 분단은 극심해져가고 있습니다.

의료 진보에 따라 비약적으로 늘어난 인간의 평균 수명은 머지 않아 백 세를 가뿐히 뛰어넘을 기세지만, 심각한 환경 파괴 위기에 놓여 있는 인류에게 남겨진 시간은 앞으로 백 년이 채 되지 않는다고 합니다.

고갱의 작품 제목이기도 한 '우리는 어디에서 와서 누구이고 어디로 가는가'라는 인간의 근본적인 물음에, 모두가 진지하게 마주해야 할 때가 온 듯합니다.

'전환'이란, 모든 것이 끊임없이 변화하는 이 세계를 살아가는 우리들 한 사람 한 사람의 내면에서 일어나는 변화를 말합니다.

지금보다 사회의 변화 속도가 느렸던 시대에도 사람들은 진학, 취직, 결혼, 출산과 같은 인생의 외적 변화가 일어날 때마다 자신이 누구인지를 확인하고 '내적 변화', 즉 전환을 경험해 왔습니다.

지금의 아이들이 어른이 될 무렵에는, 그들의 절반 이상이 지금은 존재하지 않는 일을 하게 될 거라고 합니다. 한 치 앞도 내다볼 수 없는 극적인 외적 변화에 휘둘리고, 내적 전환을 생각대로 제어하지 못해 마음이 내팽개쳐진 듯한 불안감을 안고 있는 사람도 적지 않습니다.

한 사람이 인생에서 경험해야만 하는 전환의 횟수도 난이도도 증가하고 있는데, 그것을 극복하기 위해 필요한 장소나 기법은 충분히 언급되지 못하고 있는 것은 아닐까요?

이 책은 그런 문제의식을 공유하는 두 사람의 대화에서 탄생했습니다. 마츠모토는 불교의 승려, 미우라는 전환을 연구하는 입장에서 서로 좋은 친구가 되어 전환을 둘러싸고 써 내려갔습니다.

미우라가 이십 대 동세대 청춘들을 적극적으로 인터뷰하는 등 직접 발로 뛰며 꼼꼼하게 재료를 만들어 준 덕분에, 현대 사회를 살아가는 청년들이 안고 있는 구체적인 고민과 과제를 파헤칠 수 있었습니다.

극적인 외적 변화에 대응해 내면에서 어떤 변화를 일으켜 나가야 하는지 궁금한 분들은, 이 책을 통해 궁금증을 해소하셨길 바랍니다.

이 책에는 새롭거나 특별한 것이 담겨 있진 않습니다. 일시적으로는 화제가 될지 모르지만 삼 년 후에는 사라질 수도 있는 것들이, 길고 긴 인생의 전환에 진정으로 도움이 된다고는 생각하지 않기 때문입니다.

이 책에는 지금까지 없었던 완전히 새로운 기술이 아니라, 오래 전부터 셀 수 없을 정도로 많은 선인이 확인하고 계승해 온 사상과 실천을 귀하게 여기고 인생의 전환을 받아들이고자 하는 마음이 담겨 있습니다.

이 책이 당신의 인생 전환에 도움을 주었다면, 그보다 기쁜 일은 없을 것입니다.

마츠모토 쇼케이

읽어 주셔서 진심으로 감사합니다. 이 책은 공저자인 마츠모토 쇼케이 씨와 그 밖의 많은 분과의 만남을 비롯한 연기의 흐름 속에서 좋은 기회를 얻어 쓰게 된 것에 불과합니다.

여러분과의 인연이 없었다면 책을 쓰지 못했을 것입니다. 진심으로 감사합니다.

책을 쓰면서 걸어온 인생을 돌이켜보았습니다. 절에서 태어나 '절을 이어받을 것이냐'는 질문 때문에 늘 괴로워했던 어린 시절. 학교에서, 직장에서, 사람들과의 만남 속에서 늘 사회 시스템에 적응하는 데 어려움을 느꼈습니다.

조롱이라는 이름의 뇌옥에 갇힌 새가 바깥세상으로 나가고 싶어 하듯, 언젠가는 제 안에서 만들어 낸 마음의 뇌옥으로부터 탈출하고 싶다고 생각해 왔습니다. 늘 그런 생각을 품어 왔기 때문에 지금도 여전히 무언가에 얽매여 있긴 하지만, 조금씩 마음이 편안하게 가벼워지고 있습니다.

의식을 다루는 방법이나 내려놓는 방법, 신체적인 직감에 몸을 맡기는 기술을 조금 더 일찍 알았다면 좋았을 텐데, 하고 생각합니다. 이것은 재능이 아니라 기술입니다.

한 치 앞도 예측할 수 없는 인생을 받아들이고 나에게 일어나는 일들을 살려 살아가는 것은, 학습을 통해 가능하다고 믿습니다.

마지막으로 여러분에게 전하고 싶은 말이 있습니다. 여러 가지 사회 문제가 흘러넘치는 세상이지만, 우리들 한 사람 한 사람이 억압하고 있는 것을 내려놓음으로써 여러분의 주변에서부터 자연스레 건강한 변화를 일으켜 나가길 바랍니다.

이 책을 읽어 주신 한 분 한 분만이 낼 수 있는 색깔이 있고, '다움'이라는 말로는 다 표현할 수 없는 보물이라고 생각합니다.

그것에서 나오는 이야기를 기대하고 있습니다. 모든 이야기는 귀중하고, 무엇으로도 대신할 수 없으며, 풍족한 것입니다.

저는 수많은 갈등을 겪으면서도 삶을 살아가는 당신을 진심으로 응원합니다.

당신이 이 책을 집어 들지 않았다면, 이 책이 당신과의 연을 만들 수 없었을 것입니다. 이 책을 살려 주셔서 진심으로 감사합니다. 여러분의 아름다운 마음이 모여, 건강하고 창조적인 문화가 태어나고 성장해 나가기를 기원하며 마무리하고자 합니다.

당신과 당신 주변 사람들에게 맥맥이 흐르는 생명이 생생하게 살아나길 바랍니다.

미우라 요시타카

불안, 걱정, 두려움으로 내 삶이 흔들릴 때

소란한 마음을 다스리는 법

인쇄일 2020년 5월 25일
발행일 2020년 6월 1일

지은이 마츠모토 쇼케이, 미우라 요시타카
옮긴이 김슬기
펴낸이 유경민 노종한
기획마케팅 1팀 정용범 **2팀** 정세림 금슬기 최지원
기획편집 1팀 이현정 임지연 **2팀** 김형욱 박익비
책임편집 김형욱
디자인 남다희 홍진기
펴낸곳 유노북스
등록번호 제2015-000010호
주소 서울시 마포구 양화로7길 71, 2층
전화 02-323-7763 **팩스** 02-323-7764 **이메일** uknowbooks@naver.com

ISBN 979-11-90826-01-3 (03150)

- ― 책값은 책 뒤표지에 있습니다.
- ― 잘못된 책은 구입하신 곳에서 환불 또는 교환하실 수 있습니다.
- ― 이 도서의 국립중앙도서관 출판예정도서목록(CIP)은 서지정보유통지원시스템 홈페이지
(http://seoji.nl.go.kr)와 국가자료공동목록시스템(http://www.nl.go.kr/kolisnet)에서 이용하실 수
있습니다. (CIP제어번호: CIP2020019829)